W0095528

Sächsische Kolumnen

Impressum

© SAXO'Phon GmbH • www.editionsz.de

Alle Rechte vorbehalten. 1. Auflage: August 2014

Autor   Peter Ufer • www.peterufer.de
Layout   Dresdner Verlagshaus Technik GmbH • Tom Winter
Druck   CPI Moravia Books

Dieses Werk einschließ ich aller seiner Teile ist urheberrechtlich geschützt. Jede Verwertung außerhalb der engen Grenzen des Urheberrechtes ist ohne Zustimmung unzulässig und strafbar. Das gilt insbesondere für Vervielfältigungen, Übersetzungen, Mikroverfilmungen und die Einspeicherung und Verarbeitung in elektronischen Systemen.

ISBN   978-3-943444-35-3

Sächsische Kolumnen
von Peter Ufer

mit Karikaturen von
NEL ✳ Ioan Cozacu

Inhalt

Das wird wo was sein

Die Euphorie-Skala der Sachsen ist bescheiden. Wer sie begeistern will, muss sich strecken.

Nebenan auf meiner Straße zog eine neue Nachbarin ein. Gestern stand sie vor meiner Tür, wollte mir zwei Theaterkarten schenken. Ich freute mich, fragte aber, warum sie nicht selbst das Recht auf ihr Anrecht wahrnehmen würde. *„Wennsch schreiende Nacksche sehn will, kannsch ooch Zalando-Werbung guggn"*, sagte sie.

Ich schaute auf die Karten und meinte, dass ein Schriftsteller aus Hamburg lesen würde. Die Neunachbarin: *„Wenn das wirklich was is, also wenn das wirklich was is, dann kommt der ooch noch ma. Da kannsch immornoch hingehn."* Dann schwieg sie einen Augenblick und fügte hinzu: *„Un än Hamburscher habsch lieber in dorr Gusche als off dorr Bühne."* Dort wolle sie Sachsen sehen. Schließlich seien die Sachsen d a s deutsche Kulturvolk. Ich versuchte ihren Sachsen-Chauvinismus zu bremsen, aber sie ließ sich nicht aufhalten. Sachsens Geistesgrößen seien die großen Geister Deutschlands. Der Urberliner aller Berliner wäre Sachse gewesen; Zille, geboren in Radeburg. Der Idealtyp des deutschen Seemannes Kuttel Daddeldu war ein Sachse; Ringelnatz, geboren in Wurzen. Der größte deutsche Aufklärer hieß Lessing, ein Kamenzer, der deutscheste aller Komponisten; Wagner, Leipziger; der Erfinder des Kleingartens, Schreber, Leipziger. Das Speiseeis habe ein Sachse erfunden, Pückler, ein Muskauer; der Erfinder des Wilden Westens, Karl May, ein Radebeuler; der teuerste Maler der Neuzeit, Richter, ein Dresdner und Echogewinner Silbermond kämen schließlich auch aus Bautzen. *„Dorr*

Sachse is dorr Geist, der stets bejaht", sagte meine Neunachbarin. Ich staunte und forderte sie auf, gemeinsam mit mir ins Theater zu gehen.

„Momende ma", sagte sie, *„das gannsch gar ni leidn, wenn misch eener so überfährt."* Allerdings müsse sie zugeben, dass ihr letzter Besuch im Theater schon ein Weilchen zurückliege. Sie sagte, ich solle sie mal fragen, wie denn das Stück gewesen sei. Ich fragte sie, wie denn das Stück gewesen sei, und sie sagte: *„Ach, frachn Se ni."* Spätestens jetzt offenbarte sie sich als echte Sächsin, denn ihre reservierte Reaktion als Zuschauer(in) ist typisch. Im Grunde gibt es in Sachsen nur drei Varianten, um seine Begeisterung zum Ausdruck zu bringen. Wenn eine Vorstellung in Ordnung war, dann sagt der Sachse zum Künstler: *„Kannsde machn."* Das heißt so viel wie: Der Schauspieler hat sich bemüht. Wird eine Vorstellung zum Erlebnis, dann sagt der Sachse: *„Das war ni schlecht."* Das heißt so viel wie: Der Schauspieler gab sich viel Mühe. Doch wenn eine Vorstellung dazu führt, dass der Sachse lang anhaltend Beifall klatscht, dann sagt er: *„Das war ma was anders."* Das heißt: Der Schauspieler mühte sich ab bis zur völligen Erschöpfung.

Die Nachbarin erzählte, dass sie vor Jahren mal in Spanien in einem Konzert gewesen sei. Nach dem ersten Satz sprangen die Zuschauer auf, schlugen die Hände zusammen, als bekämen ihre Kinder gerade einen Oscar. Begeistert davon, ging sie wenig später zu einem Konzert der Staatskapelle Dresden. Als sie nach dem ersten Satz vor Freude die Innenflächen ihrer Hände wiederholt gegeneinanderschlug, zog der neben ihr sitzende Mann ihre Hände nach unten und durchbohrte sie mit einem missbilligenden Blick, dass sie es nie wieder wagte, Beifall zu klatschen. Leicht verängstigt wartete sie, bis der Dirigent sein Pult verlassen hatte, ging und applaudierte in der Garderobe, als sie ihren Mantel zurückbekam. Plötzlich fragte sie mich: *„Sachn Se ma, bei dä Stellnanzeichn suchen die grad Statisten. Was issn das?"* Ich sagte: „Das sind Leute, die irgendwo rumstehen und nichts zu sagen haben." Sie lächelte. *„Dann is das was für mein Mann."* Sie drehte sich um und ging. Die Theaterkarten nahm sie mit.

Das guckt sich weg

Sachsens Handwerker sind die Stütze des Haushalts. Und sie prägen die Sprache mehr als jeder Germanist.

Es lärmte nebenan. Meine Nachbarin richtete offensichtlich ihre neue Wohnung vor. Plötzlich klopfte sie an meine Tür, nicht um sich für den Lärm zu entschuldigen, sondern sie sagte: *„Ich hab än Drasch weschn ä Handwerker, der solls Fenster machn. Könn Se ma komm, ich forsteh doch nischt davon.“*

Ich ging mit ihr nach nebenan. Da stand ein Mann an ihrem Fenster, sah auf das Glas, strich mit der Hand über das Holz, schüttelte den Kopf und sagte: *„Sachn Se ma, wär had denn d a s gemacht?!“*
Ohne dass ich es wollte, bekam ich sofort ein schlechtes Gewissen. Es handelte sich gar nicht um mein Fenster, aber dieses Wär-had-denn-d a s-gemacht?! besaß eine solche Vorwurfskraft, dass ich bereit war, meine Rahmen ebenfalls sofort komplett prüfen zu lassen.

Irgendein Vollpfosten musste sich beim Einbau an dem Holz meiner Nachbarin vergriffen haben, und vermutlich hatte er bei mir denselben Schaden angerichtet. Ich versuchte, mich gegen die Verdächtigungsstrategie des Ausrufes: *„Wär had denn d a s gemacht?!“* zu wehren. Aber zog nicht tatsächlich bei plus 36 Grad die Dämse in mein Zimmer, und waren nicht bereits nach sieben Jahren erste Verbrauchsspuren an der Farbe zu erkennen? Meine Nachbarin und ich schauten den Handwerker mit schuldiger Miene an, und er sagte: *„Das geht gar ni mehr, das muss alles neu wärn, aber alles.“*

Meine Nachbarin nickte und fragte, wann er denn anfangen wolle. Der Handwerker: *„Das wird ni dlei, isch hab zu dun ohne*

Ende. Da muss isch Sie irschendewo mit neinschiebn, aber das is kee Problem." Ein feiner Kerl, dachte ich. Endlich mal einer, der die Lösung sein will und nicht das Problem. Ich nutzte die Gunst der Sekunde und fragte den Meister höflich, ob er auch mal bei mir nachschauen könnte. Er sagte: *„Isch komme bei Ihn vorbei, vielleicht morschn früh um sieme."* Mich durchfuhr ein Glücksgefühl, obwohl ich sonst um diese Zeit noch nicht zurechnungsfähig bin. Aber es ist sinnlos, darüber zu diskutieren, denn es gehört zu den Gesetzmäßigkeiten des sächsischen Handwerks, früh um sieben zu kommen, egal wann.

Am nächsten Tag war er punkt um zehn Minuten vor um zehn da und stellte fest, dass an mehreren meiner Fenstern irgendein wichtiger kleiner Riegel fehlte, der dringend ersetzt werden müsste. Ich schlug vor, dass er das sofort tun solle, aber er sagte: *„Habsch ni da, das is ganz speziell, muss isch erschd bestelln."* Sein Muss-ich-erschd-bestelln gab mir die Hoffnung, dass meine Fenster offensichtlich nicht Nullachtfünfzehn-Ware waren wie bei meiner Nachbarin, sonst hätte er ja das Allerweltsteil für Allerweltsfenster mit. Jetzt begann er plötzlich, an einem Fenster, das ziemlich wackelte, zu rütteln, er drehte, schraubte, aber es wackelte immer noch. Er sagte: *„Was ham die denn hier gemacht, normalerweise hält das jäddze."* Mir wurde in diesem Augenblick klar, dass ich neue Fenster finanzieren musste. Aber er schraubte erneut los, schloss und öffnete den Flügel und sagte schließlich: *„Gehd doch."* Ich traute mich anzumerken, dass der Flügel etwas schief hängen würde, da sagte der Handwerker: *„Das guggd sich weg."* Diese Formel empfehle ich ab sofort jedem, denn so lassen sich sämtliche Fehler mit ein wenig Geduld langfristig einfach übersehen. Die Null-Fehler-Produktion wird endlich Realität. Das macht die Macht der Gewohnheit.

Gestern kam wieder meine Nachbarin zu mir und erklärte, der Handwerker hätte bei ihr alles erledigt, aber sie sei nicht zufrieden, und deshalb sei ein neuer da. Ich solle mal zu ihr kommen. Ein Mann stand am Fenster, sah sich das Glas an, strich mit der Hand über das Holz und sagte: *„Sachn Se ma, wär had denn d a s gemacht?!"*

Jetzt gibt's Angemeckertes

Der Sachse meckert nicht, sondern erklärt Meckern zum Partizip-Prinzip. Das tut sonst kein Deutscher.

Als ich gestern beim Fleischermeister meines Vertrauens ein Pfund Schinken verlangte, trat plötzlich meine Nachbarin von hinten an mich ran, legte ihre Hand kurz unter meinen Gürtel und sagte: *„So ä Ländschn wär ooch ma was für mich."* Ich drehte mich empört um. Da trat sie einen Schritt zurück und sagte: *„Ich kann heute ni so lange mit Ihn quatschen, sonst kriesch ich*

von mei Mann Angemeckertes." Angemeckertes ist die Krönung des sächsischen Wortschatzes. Ich fragte mich natürlich sofort, wie viel Gramm Angemeckertes sie denn von ihrem Gatten zu erwarten hatte. Noch viel mehr beschäftigte mich jedoch, woraus Angemeckertes eigentlich besteht. Ist es vom Lamm, vom Esel, vom Schwein, vom Rind oder von der Ziege?

Diese Frage kann hier erstmals und über jeden Zweifel erhaben beantwortet werden: Angemeckertes kommt von der Ziege, weil die ursprünglich im Mittelhochdeutschen Mecke hieß. Fleischer warnen aber eindringlich davor, jetzt an der Theke statt Hackepeter plötzlich Ziegenpeter zu verlangen.

Das Wort Mecke entstand als lautmalerische Nachahmung des Ziegenpalavers und wird im Sinne von Nörgeln gebraucht. Das Gemecker ist folglich die Nörgelei, der Meckerer der Nörgler, und das Verb dazu heißt meckern.

Deutschlandweit herrscht darüber Konsens. Nur der Sachse verwendet zwei weitere Wörter, um seiner spezifischen Nörgelei Ausdruck zu geben, nämlich die Mecker und das Angemeckerte. Während die Mecker einfach nur Stress, Ärger, Lärm oder Nerverei bringt, läuft das Angemeckerte sprachlich zur Hochform auf. Hier verdoppelt sich der Ärger, denn es wird nicht einfach nur gemeckert, sondern jemand wird direkt an-gemeckert. Zudem bleibt es nicht bei einer Tätigkeit, sondern die wandelt sich in ein nominalisiertes Partizip II.

Als ich das meiner Nachbarin erklärte, schlussfolgerte sie, dass demzufolge Angemeckertes wohl eine Art Wort-Gewiegtes sei, eine Mischung aus mehreren Sorten. Sie hatte nichts verstanden, denn in Gewiegtem kommt Ziege überhaupt nicht vor. Hier handelt es sich um eine Mischung aus Rind und Schwein.

Das sind die feinen Unterschiede. Der Fleischer unterscheidet zwischen Hackepeter, Schabefleisch und Gewiegtem, wobei Letzteres als Wort wiederum nur in Sachsen gesprochen wird. Vom Tatar ist leider immer seltener die Rede, obwohl jenes Hackfleisch vom Rind mit rohem Ei, Pfeffer und Salz ausgesprochen gut schmeckt.

Besonders morgens in kleinen Imbissbuden oder Tankstellen treffen sich Handwerker oder Lkw-Fahrer, um einen Tatar zu vertilgen, verziert mit Gurken, dazu einen Pott Kaffee. Wüssten das deren Frauen, bekämen sie einen Haufen Angemeckertes. Damit wäre endlich auch geklärt, dass Angemeckertes in kleinen Mengen überhaupt nicht vorkommt. Wenn es kommt, dann heftig als Haufen, ohne jede Gnade und lang anhaltend. Ich verstand meine Nachbarin, schwieg und kaufte weiter ein. Ich leistete mir zur Feier des salatfreien Tages zusätzlich hundert Gramm ungarische Salami. Noch heute glaube ich daran, dass es sich hierbei um Eselswurst handelt. Über die Folgen mache ich mir längst keine Gedanken mehr. Das ist mir völlig wurscht.

An einem Tag am 1. April

Sachsen lieben es, etwas zu tauschen.
Nur ihr Eigenes würden sie nie weggeben.

Sie sagte: „*Ham Se das schon gehört …*" Ich hatte nichts gehört. „*Die wolln jäddze, dass dä Manufakdur in Meißn an dä Italschener gehd.*" Nein, das hatte ich wirklich noch nie gehört und hielt es für völlig unmöglich. „*Doch, doch. Mir ham den Ärscher los, und die Römer könn ma widder off schön Kissn sitzn.*"
Das muss eine Verwechslung sein, dachte ich. Die Manufaktur stellt doch Porzellan her. „*Nee, nee, das machn die nur noch manchma. Jäddze liefern die Italo-Schmuck und Kleeder mit Schwerteremblem. Guggn Se im Indernet ma off dän ihre Seite, da steht Meissen Couture, also Schneiderei. Und den Chef nenn die in Meißen schon Meister Nadelöhr.*" Unmöglich, hörte ich mich sagen. „*Haha, Abrill, Abrill!*", sagte meine Nachbarin und lachte, dass das Meissener in ihrer Anrichte schepperte.
Heute darf jeder jeden reinlegen, ob der das will oder nicht. „*Und noch ä was*", sagte meine Nachbarin. „*Dä Abwasseranlachn in Dräsdn, also das Untergrundsystem, das forhökern mir an dä Amis, und die gebn uns dafür Sicherheed. Ja, mir kaubln ganz eefach. Und was den dann gehörd, das machn die ooch ni kaputt.*" Dann lächelte sie und sagte: „*Abrill, Abrill!*" Ich dachte, wo der Spaß aufhört, da fängt offensichtlich der Humor bei meiner Nachbarin an. Ich bedankte mich dennoch bei ihr, denn sie schenkte mir ganz nebenbei das sächsische Wort kaupeln.
Es erinnerte mich daran, wie ich als Kind Schnipsgummis gegen Kaugummis eintauschte. Der Schulhof verwandelte sich in der großen Pause in eine Freihandelszone. Ich gab auch Match-

box-Autos für Briefmarken oder Fußballsammelbilder für eine Stange Zigaretten, wofür ich eine Schallplatte von Pankow erhielt. Gut fuhr ich mit leeren Bierbüchsen, die einem Kumpel aus der Neunten immerhin seine Freundin wert waren. April, April! Allerdings erkaupelte sich der Kumpel später mit dem Versprechen auf zwölf Prozent Rendite ein Boot, ein Haus, einen Jagdschein und eine Umschulung zum Bankfilialleiter. Das erzählte ich meiner Nachbarin, und sie sagte: *„Ä rischdscher Dschunge, der had immer dä Hosentaschn voller Zeusch zum Kaubln."*

Kleine Tauschgeschäfte erhalten die Freundschaft. Kaupeln funktioniert nach dem Prinzip steuerfreien Handels, Ware gegen Ware ohne Rücksicht auf Verluste. Denn der Wert des zu Erkaupelnden ergibt sich ausschließlich durch das Auge des Betrachters, jegliche Beratung von Dritten ist bedeutungslos und unabhängig von jedem Völkerrecht.

Das sächsische Wort kaupeln hat übrigens keine slawischen Wurzeln, wie viele vermuten, sondern ist typisch germanisch. Es kommt vom Mittelhochdeutschen kaupon, kaupjan, was Handel treiben bedeutet. Daraus entwickelte sich später das Verb kaufen. Im Mittelalter gab es an vielen deutschen Marktplätzen, wie beispielsweise in Pirna, sogenannte Hakenhäuser, was Handelshäuser heißt. Haken kommt vom Höker, dem Kleinhändler, der seine Ware huckepack, also auf dem Rücken, trug und sie verhökerte. Forhökern ist genauso ein sächsisches Wort wie kaupeln, allerdings eine Handelsstufe höher einzuordnen und insbesondere unter Politikern nach wie vor gang und gäbe. Allerdings wäre es besser, sie würden die zweite Bedeutung des Wortes kaupeln ernst nehmen. In der Oberlausitz heißt es nämlich auch: sich wälzen, einen Purzelbaum schlagen oder kullern. Die Wermsdorfer oder Neugersdorfer sagen: *„Se kaupltn a de Hublspäne."* Sie kullerten in die Hobelspäne.

Meine Nachbarin schaute plötzlich wieder verschmitzt und sagte: *„Und ham Se das schon gehört: Dä Wettiner krieschn von dem Gurlitt jäddze all ihre Kunstschätze zurück! Schade, dass heute dorr erschde Abrill is."*

Richtungsweisend bis zum Ausweg

Sachsen wissen immer, wo es langgeht. Eine Frage nach dem Weg reicht, um ins Gespräch zu kommen. Und jeder Hinweis, auch ein falscher, ist immer gut gemeint. Garantiert.

Ich ging raus auf die Straße, um den Fußweg zu kehren, denn da lag noch der Streusand vom vergangenen Jahr. Da sah ich meine Nachbarin den Fußweg entlangkommen. Plötzlich hielt neben ihr ein großes schwarzes Auto. Die Scheibe wurde runtergelassen, und auf der Beifahrerseite schaute eine attraktive Dame heraus und fragte, wo sie und ihr attraktiver Gatte langfahren müssten, um zum Markt zu kommen.

Meine Nachbarin lächelte die Fremde an. *„Das ham Se sich gudd nausgesucht. Da muss morr gewesn sin. Passn Se off, ich erklärs Ihn. Wo komm morr dänne her?"* Die attraktive Dame sagte: „Wir kommen aus Hamburg." Meine Nachbarin: *„Das habsch mir balde gedacht so wie sie aussehn mit ihrn Glamoddn. Und Se warn wo noch nie bei uns hier?"* Die attraktive Dame antwortete: „Nein." Meine Nachbarin: *„Nu, das gloobsch dlei, 25 Jahre nach dorr Kehre und noch nie bei uns hier gewesn. Na, da misch ich misch ni ein, aber is das ni irschendewie ..."*

Die attraktive Dame sah aus dem Wagen und fragte: „Wissen Sie, wie wir zum Markt kommen?" Meine Nachbarin: *„Selbstforfreilich. Also, passn Se off. Sie fahrn jetze diregdemong ... Oder nee, wardn Se ma!? Besser is, Se drehn, doch, doch, das is dorr kürzeste Wech, nu dlar. Und dann, guggn Se ma, guggn solln Se, dorde driebn, ja dorde ..."* Die attraktive Dame reckte ihren Hals aus

dem Autofenster und sah in die Richtung, in die meine Nachbarin zeigte. *„Da dierfn Se off keen Fall hin. Da komm Se in dä Älbe. Die kenn Se ja, die Briehe fließt zu Ihn nundor, aber die gommt bei uns hier von dä Tschechn, die manschma ihre Dämme offmachn, und dann schwämmd der ganze Kladderadadsch zu uns hier. Ärschd im forgangnen Sommer haddn mir ä Hochwasser. Elf Jahre nach dem Jahrhunderthochwasser nä neie Flut – das is ja das Jahrhundert dorr Hochwasser. Alles so schön gemachd, und dann widder nass, weech und dreggsch. Bis hier stands uns"*, sagte meine Nachbarin und langte mit ihrer Hand an ihren Hals. *„Mir ham Sandsägge geschlebbd, und meine Kleene, was dä ..."* Die attraktive Dame unterbrach meine Nachbarin und sagte: „Markt, wie kommen wir zum Markt?"

„Also, das is ganz eefach. Se drehn, dann machen Se nach rechds, dann soford links, rein in dä ... hier, na, wie heeßd die Straße ...? Oder nee, forgessn Se das, sondern fahrn posdamend zur nächsdn Brigge, dann driebor, da komm Se ieberelbsch und sehn das Radhaus. Manche sachn statt ieberelbsch zum Radhaus ooch ieberflüsssch dardazu, forstehn Se ...?" Meine Nachbarin sah der attraktiven Dame ins attraktive Gesicht, um zu prüfen, ob diese verstanden hatte. Die verzog ihren attraktiven Mund zu einem attraktiven Lächeln. *„Na, sehn Se, so schwer wars doch gar ni: ieberflüsssch. Is ä ganz aldor Gäg, aber für dä Auswärdschn reichds. Also, wo warn morr stehn geblieben?"*

Die attraktive Dame sagte: „Rathaus." Meine Nachbarin: *„Sach ich doch, Radhaus. Von dorde aus isses gar ni mehr weit, da sehn Se den Margd dann schon. Am besten is aber, Se fahrn jetzt gradeaus weidor, und dann frachn Se eefach noch ma. Bei uns hier is immer eener da, der gerne hilft, wenn eener ni weeß, wos langgeht."* Ich hielt es nicht mehr aus, legte meinen Besen zur Seite, lief zu dem Auto, aber da schob sich der attraktive Kopf der Dame wieder nach innen, die Scheibe surrte nach oben, und sie fuhr samt attraktiven Gatten davon. Ich sagte zu meiner Nachbarin: „Na, die Hamburger wissen jetzt alles, bloß nicht den Weg." Sie sagte: *„Ich frache mich, was die Ostfriesn offn Margd wolln... Aber es is ooch bessor, die finden den ni, am Ende gefälld der den noch."*

Klöbbln Sie mal Ihr Fleisch

Sächsische Begriffe kommen in die Rabusche, weil die Tätigkeit dazu längst fehlt. So schreitet die Verdummung voran.

Meine Nachbarin kam mit einem Teller duftender dampfender Bratkartoffeln und heißem süßen Tee rüber zu mir, setzte sich auf mein Sofa und schaltete „Wer wird Millionär" an. *„Es kommt doch sonst nur Gelabre und Gedschungl in dorr Glotze, da kommt ehm ja alles widder hoch"*, sagte sie, lümmelte sich in meine Kissen und beantwortete jede Frage, als wäre sie der Universaljoker sämtlicher Kandidaten.

Ich ließ sie gewähren, denn so kam ich zu einem deftigen Abendbrot. Ich verbuchte die Fernsehabende mit ihr als platonisches Bratkartoffelverhältnis, ließ es mir schmecken und hoffte, sie würde bald einnicken. Jedenfalls war es bisher immer so.

Doch jetzt saß eine junge Dame auf dem RTL-Lehrstuhl und sollte wissen, was klöppeln bedeutet. *„Klöbbln, das weeß doch jeder Dämlagg"*, sagte meine Nachbarin lachend. Die Dame auf dem Stuhl sagte einfach: „Ich nehme C." Und dann erklärte sie noch, dass beim Klöppeln Fleisch zum Zubereiten von Klops breit geklopft würde. *„Ham Se die denn mitn Klammorbeitel gebuderd die blöde Bude?"*, rief meine Nachbarin und haute mit ihrer rechten Faust auf den Tisch, dass Stücke meiner Bratkartoffeln aufs Parkett flogen.

Als „C" auch noch richtig aufleuchtete, schmiss meine Nachbarin die Fernbedienung gegen die Mattscheibe und schrie: *„Das is Fernsehn fürn dleensdn gemeinsamen Penner, nur noch kochen,*

kuscheln oder dschungeln, aber sonst nischt off dorr Kärsche." Später erklärte Jauch, dass „C" richtig, aber die Erklärung falsch sei. Denn Klöppeln wäre eine tradiert sächsische Volkskunst, um Spitzen herzustellen. Die Handarbeit wird vor allem im Erzgebirge und in der Lausitz gepflegt. Ich sagte, wir könnten nicht annehmen, dass junge Frauen das noch wissen.

„Die wissn doch gar nischd mehr. Was is denn zum Beispiel bliemeln? Na, wissn Sies, Sie Schlauufer?" Da hatte ich Glück, denn ich war schon mal in Sebnitz, wo einst massenhaft Kunstblumen hergestellt wurden und heute eine Schauwerkstatt zeigt, wie das Handwerk funktioniert. Blümeln oder bliemeln heißt also die Tätigkeit zur Herstellung von Kunstblumen.

„Na, und was is sterneln?", fragte meine Nachbarin. Das betreiben die Mitarbeiter der Herrnhuter Manufaktur, wenn sie Sterne fertigen. *„Und was is knöbbln?"* Das beschreibt die Tätigkeit zur Herstellung von Knöpfen, so wie einst in Stolpen, wo sich eine Knopffabrik befand. *„Und was is buddorn?"* Butter herstellen, das kennt jeder Bauer. *„Und was is dängln, bleechn, bläun, bitzln, driesln, bäbln, zeddln oder schlossorn, hä, was is das?"* , fragte meine Nachbarin und wurde dabei ganz rot.

Das alles sind sächsische Begriffe, die spezielle Handwerkstechniken beschreiben. Viele davon kennt heute keiner mehr, weil auch die Arbeitsgänge nicht mehr existieren. Zeddln, zehdeln oder zetteln beschreibt beispielsweise, wie halbtrockenes, in Haufen gesetztes Heu mit der Hand breit geworfen wird. Das ist bäuerlich-sächsische Fachsprache. Schlossorn oder schlossern dagegen bedeutet, Eisen teilweise warm formen, nieten und schrauben. „Strecken, stauchen, biegen, löten - hilft dem Schlosser in allen Nöten", zitierte ich einen alten Schmiedespruch und hoffte, sie damit irgendwie beruhigen zu können.

„Redn Se sich nur raus, redn Se sich nur raus", sagte meine Nachbarin. *„Ich für mein Deel geh jäddze dusln."* Dusln oder snuseln war nun ein spezieller Fachbegriff einer typischen Tätigkeit meiner Nachbarin. Sie ging ein wenig schlafen, vor sich hin dösen, im Halbschlaf träumen. Leider nahm sie den Rest der Bratkartoffeln einfach mit.

Ohne Kulturstrick kommen Sie nicht rein

**Sachsen binden sich nicht gern. Aber sie wissen –
weiß Gott – sehr viel. Wer hätte das gedacht.**

Sie hatte keine Ahnung. Sie wusste nicht, dass ich nie einen
Schlips trug. Er war für mich ein Stoff von vorgestern, ein Kultur-
strick der Eitelkeit. Außerdem ging es meine Nachbarin nichts
an, was an mir rumbaumelte und was nicht. Doch zu Weihnachten schenkte sie mir zwei Krawatten. Die eine war grün-weiß
gestreift und die andere rot-gelb gepunktet. Dazu sagte sie:
*„Das sin zwee Gombedenzforstärker für Sie, die könn Se gudd ge-
brauchn."*
Kompetenzverstärker, übersetzte ich, aber mir kamen ihre Bin-
der viel mehr wie Halsabschneider vor. Da ich jedoch das Jah-
resende harmonisch verleben wollte, band ich den sächsisch
gestreiften Vorlatz um, als ich nach Weihnachten zu einer Sil-
vester-Vorfeier zu ihr in die Wohnung ging. Sie begrüßte mich,
sah den grün-weißen Schlips um meinen Hals hängen und sagte: *„Der andre gefällt Ihn wo ni!"*
Wir saßen still bei Fischsuppe und Schaumwein, da sagte sie
plötzlich: *„Sie sin mir aber änne Stimmungskanone, soll ich
ma ä Witz erzähln?"* Ich machte spontan einen Gegenvor-
schlag und bat sie, einen Satz mit Genitiv und Dativ zu bilden.
*„Das weeß ich, das habsch off ä Stift gelesen, den ich zu Weih-
nachten von meiner Doktorn geschenkt bekomm hab."* Ich
wartete gespannt. Sie sagte: *„Geh ni tief ins Wasser, weils
da dief is."* Ich fand ihre Antwort ähnlich merkwürdig wie meinen Schlips, der inzwischen in der Suppe zum Soßenbinder ge-

worden war, aber ich lachte dennoch, denn der Sekt begann zu wirken.

„Andere Frage", sagte ich. „Können Sie einen Satz bilden, in dem Eskimo, Eisleben und Leipzig vorkommen?" Meine Nachbarin sah mich an und sagte: *„Das weeß ich, das habsch in norr Zeitschrift im Wartezimmer gelesn."* Ich wartete gespannt, sie sagte: *„Ä Esgimo kann jahrelang im Eis leben, ohne den Leib sich zu erkältn."* Ich nahm einen weiteren Schluck von dem Schlabberwasser und sagte: „Andere Frage: Können Sie einen Satz bilden mit dem Wort Salzkammergut!" Meine Nachbarin schlürfte ihre Suppe runter und sagte dann: *„Das weeß ich, das hab ich in ä Kochbuch gelesn: Nach Bullrich Salz gammer gud!"*

Ich öffnete die nächste Flasche, goss mir ein, trank mit einem Zug das Glas leer. Dann sagte ich: „Andere Frage: Können Sie einen Satz bilden, in dem Dresden, Leipzig und Chemnitz vorkommen?" Meine Nachbarin sah mich an, lächelte und sagte: *„Sie komm mir ä bissl vor wie dorr Jauch, der fracht ooch immer nur und weeß nischt. Ham Se ä Tipp für mich?"* Ich schüttelte den Kopf. *„Ach, ich weeß, das habsch bei meiner Frisöse unter dorr Haube gelesn."* Ich wartete gespannt, sie sagte: *„Ich weeß ni, was mit mei Dudd los is, drehsd'n hin, drehsd'n her, s'bleibt's'ch gleich, und gämm'n nitzt ooch nischt."*

Das hätte ich nicht gedacht, dass meine Nachbarin so viel weiß. Sie sagte: *„Morr kann, weeß Knöbbchn, ni genuch offpassn, denn es kann ehn ja ma eener komsche Frachn stelln."* Das *„weeß Knöbbchn"* - weiß Knöpfchen - sagte sie mit besonderer Liebenswürdigkeit. Es ist eine typisch sächsische Redewendung, abgeleitet von weiß Gott, weeß Göttchen. Der Sachse benutzt es als Ausspruch zur Bekräftigung der Wahrheit und als Ausruf des Erstaunens, der Verwunderung: wirklich, wahrhaftig, tatsächlich, das hätte ich nicht gedacht, weiß Gott.

Ich band meinen Schlips ab und gestand ihr, dass ich mich nicht gern binde. Sie sagte: *„Ich weeß, aber jäddze machn Se das Ding widder um, denn ohne Grawadde gomm Se ni rein ins Neujahr."* Ich nahm noch einen Schluck und lallte ihr zu: „Prostata und gutes neues Haar!"

Warts ab und der Dadschsplien

Der Sachse geht gern mit der Zeit und stellt dann fest, dass es an der Zeit ist, nicht alles, was neu ist, wörtlich zu nehmen.

Meine Nachbarin zeigte mir ihr neues mobiles Handgerät und sagte: *„Warts ab, jäddze muss ich off nischt mehr wartn."* Sie fummelte auf der Mattscheibe des smarten Gerätes herum und lachte. *„Ä bissl dadschn, und ab gehts."* Ich bat sie, mir zu erklären, warum sie statt zu telefonieren ständig auf ihrem Handy herumtätschelte.

„Sie sin ja von übergestern", sagte sie. *„Ich hab ä Haufen Abbs nundorgedownd und kann damit alles machn, sogar meine Küsse testn."* Ich wollte wissen, wie das funktioniert. *„Das is ganz eefach. Ich hab mir da - guggn Se hin - hab mir da umsonsd äne Kussabb nundorgeholt. Da knutsch ich dä Scheibe von mei smartn Fhon und kriesche dann angezeicht, wie gudd ich bin. Und ich bin gudd."* Ich war spontan froh, dass Programmierer ihre gesamte Intelligenz darauf verwendeten, mich vor den Angriffen der nassen Lippen meiner Nachbarin zu bewahren.

Aber das war längst nicht alles. *„Eene habsch noch"* sagte meine Nachbarin und ließ mich auf ihre Scheibe schauen. Da leuchtete eine Wunderkerze. *„Das is dä Romandigabb für mei nächstes Konzert mitn Kaiser Mania"* , sagte sie. *„Eene habsch noch."* Sie zeigte mir einen Schlumpf, der erklärte, er erkranke immer am Sonntagabend, bevor die Arbeitswoche beginnt. Mit piepsiger Stimme sprach er: *„Ich habe Montag."*

Sie sagte: *„Eene habsch noch."* Dann präsentierte sie mir Fotos ihrer Freundinnen und dazu eine Skala von eins bis zehn, die die

Hässlichkeit der Frauen zeigte. *„Sollsch Ihn ma Ihr Foto zeigen?"* Ich bat sie, das zu unterlassen. Sie tippte mit feuchten Fingern auf dem Gerät herum. *„Ni dass Se denken, ich hätt än Dadsch-splien, nee, ich hab Warts-ab. In dem Äbbl-Laden gibts alles."* Immer neue Angebote lud sie sich aus dem App-Store runter, und ich verstand endlich, was sie da tat. In ihr war das Mädchen geweckt, das glücklich mit dem Smartphone spielte wie früher mit einem Puppenhaus. Die Spielchen, die sie sich herunterlud, waren Applikationen – Anwendungen für Ablenkungen. Und dass sie zu WhatsApp Warts-ab sagte, war gar nicht so weit her-geholt, denn es kommt aus dem Englischen von Whats up, was geht ab.

Ich zweifelte dennoch an ihrer Zurechnungsfähigkeit, denn plötzlich hielt sie sich ihr neues Telefon direkt vors Gesicht. *„Gug-gn Se ni so fordaddert"*, sagte sie. *„Das is dä Solariumsabb. Damit könn Se sich bräun."* Ich spendete App-Laus für so viel App-Fall. *„Ich kann für Sie ooch ma nach was dadschn und Ihn was runter-holn, wenn Se wolln"*, sagte sie. Ich wollte nicht. Mir wurde in die-sem Augenblick vielmehr klar, dass die Sachsen mit dadschn der modernen Kommunikationstechnik ein wichtiges Wort geliefert haben. Denn das Englische touch kommt daher und heißt nichts weiter als berühren oder anfassen. Die sächsische Dadsche ist die Hand, nicht zu verwechseln mit dem Wochenendhäuschen, das kommt aus dem Russischen. Allerdings bin ich mehr und mehr geneigt, mich in eine Datsche zurückzuziehen, denn ich benötige weder eine Kuss- noch eine Wunderkerzen- und erst recht keine Hässlichkeitsapp.

„Eene habsch noch", sagte meine Nachbarin. *„Das is, wovon Se schon immer geträumd ham, Sie Dräumor."* Es war eine App für Männer. Auf dem Bildschirm erschien eine Fernbedienung, die angeblich Frauen lenken konnte. An den jeweiligen Pfeilen stand: Hol Bier! Hol Essen! Geh putzen! Geh spülen! Räum auf! Geh einkaufen! Geh Wäsche machen! Geh kochen! Zieh dich aus! Komm her! Geh weg! Mach Sport! - Ich nahm ihr das Gerät weg, hielt es direkt auf ihren Kopf und drückte immer wieder eine Taste: Aus! Aus! Aus!

Immer dieselbe Tippeltappeltur

Der Sachse geht gern Schritt für Schritt vor. Aber das kann auch lästig werden. Dafür benutzt er ein Wort aus der Musik.

Meine Nachbarin saß an meinem Esstisch und suchte nach Lösungen in Kreuzworträtseln. Sie war eine Art Rätseljunkie, kaufte sich Zeitungen nur, um die kleinkarierten Netzwerke zu

bekritzeln. *„Das is Gehirnguminastik"*, sagte sie dann immer. Allerdings hatte sie bei ihren Freiübungen gern jemanden in ihrer Nähe, deshalb kam sie zu mir in die Küche.

Plötzlich rief sie: *„Ich hab's! Das Lösungsword heeßt hier Dibbldabbldur!"* Sie hielt die Seite mit dem Wochenendrätsel hoch, und als Lösungswort stand dort in Großbuchstaben: TIPPELTAPPELTUR. *„Hier steht, dass soll ä säggssches Word sin. Aber is das ni falsch geschriem? Das muss doch Dour heeßn, denn es heeßt doch Loofn. Oder etwa ni?"*

Ich besitze eines dieser Kreuzworträtselnachschlagewerke, wo sämtliche Antworten zu Abkürzungen der Jägersprache, zu afrikanischen Hauptstädten, tropischen Knollenfrüchten, indischen Göttern, italienischen Filmregisseuren und mongolischen Nebenflüssen zu finden sind. Die Tippeltappeltur stand weder unter „T" noch unter „D", sie kam als Lösungswort nicht vor. Es gab auch keine Frage dazu. Aber so ist das ja oft im Leben: Man bekommt eine Antwort, ohne sich je die Frage gestellt zu haben. Manchmal ist es allerdings auch genau andersrum.

„Ich lass mir nischt einredn", sagte meine Nachbarin. *„Dä Dibbldabbldur gibd's öfter, als mor denkt."* Offensichtlich hatte sie eine klare Vorstellung davon, wo sie entlanglief. Denn die Tippeltappeltur stammt eigentlich von dem Wort Tabulatur ab. Das ist das Regelbuch der Meistersinger oder anders gesagt: Es ist eine Art der Notation in der Musik. Tabulatur stammt vom Italienischen, von tabulare, ab, was tabellarisch ordnen bedeutet. Mit Tabulatur singt man also stets nach einer bestimmten Regel.

Da der Sachse gern Wörter nimmt und sie mundgerecht anpasst, wurde aus dem Prinzip: „Nicht von einer Regel abweichen" die Tippeltappeltur. Wer also Schritt für Schritt, nach einer vorgeschriebenen Ordnung oder altgewohnten Reihenfolge, vorgeht, der geht eine Tippeltappeltur. Das hat seine Vorteile, denn die Abläufe sind geübt, und nach und nach tippelt, läuft man dorthin, wo man hingelangen möchte.

Nicht anders ist das beim Spaziergang meiner Nachbarin. Sie ist eine Art Tippelschwester, denn sie läuft täglich ihr Idioten-ringel, sie geht immer die gleiche Runde um die Häuser, um mal frische Luft zu schnappen. Sie tippelt vor sich hin, und nichts bringt sie aus der Ruhe. Wirklich beneidenswert. So macht sie es übrigens auch beim Lösen der Kreuzworträtsel. Pedantisch und gemächlich. Der Weg ist das Ziel.

„So ä Quatsch", sagte sie plötzlich. „Ich hab ieberhaupt keene Ruhe. Ich muss ständisch von Bonzius zu Pilates latschn, um irschendewas zu erreichen, das is heute dä eechentliche Dib-bldabbldur." Sie meinte vermutlich eine Tortur, lag aber völlig richtig. Jetzt nahm sie wieder eines ihrer Kreuzworträtsel und versteckte sich hinter dem Papier, vergrub sich in Fragen und Antworten. Dann stand sie plötzlich auf und lief etwas wacke-lig los. „Guggn Se ni so. Wenn dä Leide alt wärn, da wärn se ooch tabblisch." Ich verstand sie sofort. Tabblisch oder tappelig heißt, unbeholfen oder gebrechlich sein. Das trifft jeden irgendwann. Allerdings wusste ich, dass man auch einfach nur dabbsch oder täppisch sein kann, also ungeschickt.

Jetzt gingen wir zusammen raus aus der Küche, liefen im Frei-en eine lange Tippeltappeltur. Das war eine gute Lösung.

Kließlheber
im Blitz

Im Sächsischen sind die Klöße sowohl essbar als auch weiblich. Und das hat Folgen.

Es muss so gegen 23 Uhr gewesen sein. Draußen wehte es gerade die Geranien von meinem Balkon. Ein Blitz erhellte die Stadt. Da klingelte es. Ich lief zur Tür, öffnete, und meine

Nachbarin rief: „*Komm Se schnell, helfn Se mir. Aber hurdisch!*" Ich hatte vor, meine Geranien zu retten, aber bei Katastrophen geht selbstverständlich Nachbarin vor Topfpflanze.

Wir rannten die Treppe runter zur Haustür. Ich wunderte mich noch, warum sie einen Korb mitschleppte, aber schnell war alles klar, denn sie sagte: „*Gehn Se naus in Hof und nehm Se meine Wäsche ab, es drescht ja Schusterjung.*" Ich sprang über eine Pfütze, in der meine Geranien lagen. Ich hastete zu ihrer Wäsche. Ich zerrte Handtücher, Unterhemden, Socken und Blusen von der Leine, stopfte alles in den Korb. Wieder gleißte ein Blitz, der den Hof beleuchtete wie Flutlicht das Dynamostadion. Da sah ich es. Ein einziges Teil hing noch auf der Leine. Meine Nachbarin rief aus der Tür: „*Forgessn Se mei Kließlheber ni.*"

Das letzte Teil hing völlig verknotet über der Leine. Ich hörte nur immer: „*Mei Kließlheber, mei Kließlheber!*" Ich hatte nicht die leiseste Ahnung, was meine Nachbarin meinen könnte. Aber irgendwann hatte ich das Teil ab. Ich rannte zurück, schlotterte, gab ihr den Korb. Meine Geranien schwammen in Richtung Gulli. Die Nachbarin schob mich die Treppe wieder hoch, wir gingen zusammen in ihre Küche, sie rubbelte mich ab und sagte: „*Wolln Se was Heeßes oder noch was essn?*" Auf ihrem Herd stand ein Topf, in dem schwammen Klöße in lauwarmem Wasser.

Ich setzte mich und fragte: „*Was bitte ist ein Kließlheber?*" Meine Nachbarin lachte und zeigte auf den Topf mit den Klößen. „Sehr witzig", sagte ich. Doch im gleichen Augenblick blieb mir ein Kloß im Hals stecken. Denn Kließl heißen doch Klöße, kleine, rundliche, meist kugelförmige Gebilde. Bei dem letzten Teil auf der Leine musste es sich also um ein Textil zum Heben, also zur Stabilisierung ihrer femininen Formen handeln. Ich nahm das Angebot von etwas Heißem an und ließ ihre lauwarmen Klöße unberührt im Wassertopf schwimmen.

Bei der Vokabel Kloß handelt es sich um ein Wort mittelhochdeutschen Ursprungs, das zunächst nichts weiter als Klumpen, Knäuel oder Kugel bedeutete. So ist es auch immer noch im gesamten deutschen Sprachraum. Im Sächsischen besitzt es jedoch weitere Bedeutungen und hat eine sowohl essbare als auch weibliche Form. Der Kloß als zubereitete Speise stammt aus Sachsen und verbreitete sich später auf Speisekarten, wobei er in vielen Gegenden auch als Knödel angeboten wird, was in Sachsen wiederum Verwirrung stiftet, weil hier Knödel keine Klöße sind.

Gesprochen wird Kloß zumeist als Kloß, aber in der Oberlausitz und im Osterzgebirge wird er zum Kließl, im Westerzgebirge und im Vogtland zum Klies, in der Niederlausitz zum Klump. Viele kennen auch den Klumpatsch, eine formlose Masse, ein Haufen altes Zeug, das keiner mehr mag. Feste Klöße dagegen sind sehr beliebt. Auf Tellern dienen sie als Beilage vor allem für Fleischgerichte, wobei Mahlkließer, also Mehlklöße, von Abernkließer, also Kartoffelklößen, zu unterscheiden sind. Auch da differenziert die Zubereitung, denn während sie in Sachsen zumeist aus gekochten Kartoffeln bestehen, kommen in Thüringen zu großen Teilen ungekochte Kartoffeln in die Masse. Immer dabei sind Mehl und ein Ei als Bindemittel zur besseren Haltbarkeit. Jedenfalls bei der Zubereitung der Kließl in der Küche. Na dann: Guten Appetit!

Färdsch is färdsch

Der Sachse bringt gerne etwas zu Ende, gönnt sich bei der entsprechenden Formulierung aber eine enorme Vielfalt.

Sie kam nach Hause, lächelte kurz und setzte sich dann neben mich auf die Treppe im Hausflur. *„Das macht mich alles so färdsch"*, sagte meine Nachbarin. *„Das macht mich alles dodal färdsch."* „Was denn?", fragte ich. *„Was denn, was denn ... blöde Frache, die Se da frachn. Warn Sie denn nie dabei, als alles färdsch war?"* Ist es nicht das Ende, wenn alles fertig ist, wollte ich ihr erklären, aber ich spürte sofort, wie das Fertigsein oder Nichtfertigsein für sie zur Gewissensfrage wurde. Sie betrachtete mich, als hing ihre Existenz davon ab.

Denn das kleine Wörtchen färdsch bezeichnet einen großen Zustand. Für meine Nachbarin war das beispielsweise die Eröffnung der Dresdner Waldschlößchenbrücke. *„Das war ja enne Dauerbridge wie die in London an dorr Dämse sachn. Das hat hier ooch gedauerd. Es war ja ewisch kee Färdschwärn, aber jäddze is alles fix und färdsch."* Ich sagte: „Aber hätte man nicht ..." Sie fiel mir ins Wort und sagte: *„Hädde, hädde, Fahrradkette ... hörn Se off. Färdsch is färdsch."*

In diesem Fall verbindet das sächsische färdsch symbolhaft fertig werden und fertig sein. Zum einen heißt es, dass etwas vollendet, abgeschlossen ist; zum anderen kennzeichnet es den Zustand der Erschöpfung, der Ermüdung, der Kraftlosigkeit. Färdsch is färdsch heißt, froh zu sein, dass endlich ein Ende erreicht ist, nicht mehr zurückzublicken, sondern den Augenblick

als gegeben hinzunehmen. Schließlich möchte keiner mehr färdsch gemacht wärn oder mit dem anderen färdsch sein. Die sieben Buchstaben schließen kurz und knapp ein Kapitel ab und meinen, dass etwas ist, wie es ist, egal, wie es ist. Hauptsache, es ist. Ursprünglich jedoch bedeutet es das genaue Gegenteil. Denn das Wort färdsch ist ja die mundartlich abgeschliffene Variante von fertig. Und das kommt vom Mittelhochdeutschen vertec oder auch verdich und ist abgeleitet von „bereit zur Fahrt". Wenn einer sagte, er sei fertig, dann war er bereit, etwas zu tun. Aber natürlich hatte er vorher schon etwas getan, um überhaupt bereit sein zu können. Um fertig zu werden, muss etwas gefertigt sein. Daher der doppelte Sinn, der bis heute besteht. Der Abschluss ist also nicht das Ende, sondern der Start für einen Aufbruch, der Anfang für etwas Neues oder auch der Beginn, das Vorherige zu verstehen und bewerten zu können.

„Bevor Se hier dän Philosophen naushäng lassn, muss ich Se ma was frachn", sagte meine Nachbarin. „Ich sache färdsch, aber wie wärd es denn nuh geschriem. In jeder Zeitung stand was andres, das macht een ja färdsch." Sie stellte eine Frage, die kein Sachse beantworten kann. Denn bekanntlich ist das Schöne am Sächsischen, dass alles richtig ist. Die wichtigste Schreibregel lautet: Es gibt keine Regel. Geschrieben wird das gesprochene Wort, denn in Sachsen herrscht verbaler Pluralismus.

Der Sachse beweist damit, dass er sich nicht regeln lässt. So sind, je nach Sprachraum, die verschiedensten sächsischen Varianten von fertig zu lesen, zum Beispiel fartch, fartsch, fartich, fertch, fertsch oder färdsch. Da der Deutsche aber versessen ist auf Regelwerke, hat auch der Sachse ein paar Prinzipien für sich und sein Schreibwerk zugelassen. So hört sich das E oft wie Ä an und darf gern auch so geschrieben werden. Das T weicht in vielen Fällen auf und wird zum D, das -ig mutiert im Sächsischen am Ende eines Wortes zu -isch. Das stimmt vor allem dann, wenn man richtig fertig ist und einem nur noch breit und weich ein „färdsch" über die Lippen rollt. Der Höhepunkt ist da bereits vorbei. „Das macht mich eben so färdsch", sagte meine Nachbarin und blieb stundenlang auf der Treppe sitzen.

Schneckentod für Oma

Sachsen kommen und gehen. Die einen sind Bälchor, die anderen Omas. Aber wie werden die Namen richtig eingesetzt?

Wir gingen zusammen zum Friedhof. Die Mutter meiner Nachbarin lag seit einer Woche dort und rührte sich nicht mehr. Die Tochter meiner Nachbarin sagte: *„Dä Renade rechned sich jäddze für dä Rentnkasse, denn sie hubbde als sozialverträgliche Frühableberin in dä Grube."*
Meine Nachbarin schüttelte über die pietätlose Bemerkung ihres Nachwuchses den Kopf und fragte: *„Hast du den Schneckentod für Oma mit?"* Die Tochter sagte: *„Wozu das denn, die hat doch schon dä Hufe hochgemacht."* Ich brauchte eine Weile, bis ich verstand, worum es ging. Meine Nachbarin plante keinen posthumen Mord an der Großmutter, sondern einen Präventionskrieg gegen Nacktschnecken. Kleine blaue Kügelchen sollten als Köder auf das frische Grab gestreut werden, um die Schleimkriecher vom Blumenknabbern und vor allem vom Leichenschmaus abzuhalten. Meine Nachbarin lief zurück zur Wohnung, kam mit einem Power-Pack Todeslinsen zurück und sagte zu ihrer Tochter: *„Und Du, meine Dleene, sollst ni immer Renade sachn, das heeßt immer noch Oma."*
Die Tochter protestierte: *„Renade wollde nie, dass ich Oma sache, dazu war die viel zu ädebedäde. Solln meine Bälchor ma Oma zu Dir sachn?"* Meine Nachbarin schaute ihr Kind an: *„Was dänne für Bälchor, für so ä Währchl bin ich noch ni alt genuch."* Da tat sich ein Generationskonflikt auf, in dessen Schusslinie ich un-

gern stand. Ich lief etwas langsamer und dachte darüber nach, ob es eine richtige Namensgebung für die Großeltern gäbe. Sachsen sagen üblicherweise Oma oder Omi, Opa oder Opi, wobei hier immer die Verwechslungsgefahr mit Obi besteht. Da die meisten Enkel über zwei Großeltern verfügen, existieren zusammengesetzte Namen, die sich oft aus Ort und Geschlecht zusammensetzen. Zum Beispiel heißt die Oma aus Freital dä Freital-Oma. Die andere ist dann zum Beispiel die Dipps-Oma, denn die Dippoldiswalde-Oma ist schlicht zu lang. In solchen Langfällen wird alternativ der Vorname genutzt, folglich heißt es beispielsweise Helga-Oma oder dä Oma Helga.

Bei Opas gab es viele Jahre das Problem gar nicht, denn meistens war keiner oder nur ein Großvater da. Unterscheidungen waren somit nicht nötig. Doch natürlich zögern auch sächsische Männer ihr sichtbares Älterwerden hinaus und verlangen von Söhnen oder Töchtern, dass deren Kinder Großvati sagen. Um zeitlos zu bleiben, bieten aber die Alten den Jungen auch gern an, sie beim Vornamen zu nennen. Dann ruft das Kind den Opa wie den besten Freund, denn Max, Paul, Franz oder Kurt heißen heute wieder viele Jungs. Inzwischen sind aber auch Männer mit Namen wie Alf, Andreas, Gunnar, Jürgen, Knut, Lutz, Jens oder Sven eine Generation weitergerutscht. Manche von ihnen versuchen das aber damit zu verhindern, dass sie im Opa-Alter einfach noch mal Vater werden.

Sie plagen sich dann mit Wärschln rum. Das Wort meint ursprünglich etwas Rundes, Dickes, ein Würstchen, wird aber meistens benutzt, um zu sagen, dass man einen Säugling umsorgt. Sachsen kategorisieren Kleinkinder je nach Quengelstatus: Ein Beeboh, Bohbl, Borbs, Buzz, Buzzlmann, Borbe, ä Gärlchn, Gaggr, eine Griefe, ein Racker, Säggsor oder Zwunsch gehören der Verträglichkeitsstufe eins an. Nervig sind Balch, Räbchn, Wannsd oder Lümml. In die Kategorie unerträglich gehören Briezl, Brut, Dämel, Heulsuse, Teuflsbraten, Nervbolzn, Worzzlzwärch, Quälgeist oder einfach Kind.

Plötzlich wurde ich aus meinen Gedanken gerissen, denn die Tochter meiner Nachbarin sagte: *„Mutti, ich bin schwangor."*

Weiche, Wotan, weiche

Sachsen wird zurzeit ganz und gar verwagnert. Doch keiner konnte bisher hören, wie unser Wagner Sächsisch sprach.

Dieser Tag war etwas Besonderes. Ich putzte meinen Plattenspieler, legte eine alte Eterna-Scheibe auf, drehte die Lautsprecher ohrenbetäubend weit auf. Nach wenigen Tönen klopfte es kräftig an meiner Tür. Ich öffnete.

Meine Nachbarin fragte entrüstet: *„Was wärd denn hier gespielt?"* Ich sagte: „Wagner." Meine Nachbarin: *„Na endlich, Pizza für alle."* Nein, meinte ich, ich hätte weder eine Wagner-Pizza noch einen alten Witz auf dem Plattenteller, sondern sächsisches Klassikvinyl, ein Medley aus Pleißeabgrund und Elberauschen. Das wäre ganz nach meinem Geschmack.

„Was haddn Se denn bestellt. Ich wollte gerne Lohngrien - dä 55 dleen, und eema Rienzi, dä 66 groß", sagte meine Nachbarin. Ich erklärte ihr, dass mein Wagner nicht essbar sei, sondern seine Freunde sagten, er sei einen Meter 66 groß, und seine Feinde erklärten, er wäre einen Meter 55 klein. Ich wollte ihr noch mehr über den Dresdenleipziger erzählen, aber sie sagte: *„Ham Se sich ooch ma ne Pizza bestellt?"* Ich wollte gerne meine Musik weiterhören, aber sie wurde plötzlich ganz betont: *„Ich hab da in dorr Speisekarte gelesen, was dorr Wachner ma gesacht ham soll. Hörn Se zu: Ich bin ä Gemisch aus Hamlet und Don Quixote. Forstehn Se, der war ä Könischsmörder, gepaart mit Wahnsinn. Und das solln mir Saggsn heide noch nundorschluggn. Ich finde das nur geschmagglos."*

Ich konterte mit einem anderen Richard-Wagner-Zitat: „Wer als Meister ward geboren, der hat unter Meistern den schlimmsten Stand." Meine Nachbarin: *„Wo kommt das denn her?"* Ich sagte: „Das sagte Wagner zu seinem Meistersinger von Nürnberg." Meine Nachbarin: *„Nürnberger Würstchen mit ganz fiel Senf droff? Na, wenn's sein muss, dorr Hunger treibts nein und mit Gligg nimmds dorr Körber an!"* Ich sagte: „Haben Sie noch nie was von Oper gehört?" Sie: *„Lassn Se bloß mei Opa ausm Spiel!"* Ich war der Verzweiflung nahe: „O-p-e-r! Singspiel!" Sie: *„Ich kenn nur Forspühl!"* Ich: „Das heißt Ouvertüre!" Ich kam mir vor wie ein Musiklehrer mitten in der Götterdämmerung. Meine Nachbarin hörte nicht auf, sie fragte: *„Wie sind denn die Eier auf der Wachner-Pizza, sind das harde oder weiche?"* Ich rief: „Weiche, Wotan, weiche!"

Aber sie ging nicht, sie nervte weiter: *„Was is das denn nu eechentlich für Wachner-Musik, die Se da off Ihrn Teller hörn?"* Ich antwortete: „Tannhäuser." Und dann zitierte ich: „Zu dir, Frau Venus, kehr ich wieder, in deiner Zauber holden Nacht, zu deinem Hof steig ich hernieder, wo nun dein Reiz mir ewig lacht." Meine Nachbarin rief: *„Wahnsinnschor, wen rufst du an?"* Ich antwortete reichlich genervt: „Meine Mutter, doch sie geht nicht ran."

Jetzt war sie endlich ruhig, und ich schenkte ihr ein weiteres Wagnerzitat: „Dem Weib gab Schönheit die Natur, dem Manne Kraft, sie zu genießen." Meine Nachbarin fand ihre Sprache wieder: *„Mamma mia! Das muss aber lange her sin, dass der das gesacht ham soll!"* Plötzlich zog sie die Wagner-Pizza-Speisekarte hervor und las neben der Nummer 66 folgenden Spruch des Komponisten: *„Dorr Blick über dä Welt hinaus is dorr eenzsche, der dä Welt forsteht."*

Das klang gut, aber ich zweifelte, ob Wagner so sprach wie meine Nachbarin. Da gab sie mir die Pizza-Karte und zeigte auf den Wagnerspruch neben der 55: „Selbst seine Sprache, dieses einzige heilige, durch die größten Geister ihm mühsam erhaltene und neu geschenkte Erbe seines Stammes, sieht der Deutsche stumpfsinnig dem Verderbnisse preisgegeben."

Bloß ni offrächn

Im Sächsischen gibt es selten ein „auf". Aber trotzdem geht es in dem Land nicht abwärts.

Sie war aufgeregt. *„Ich bin offgerächd. Mei Bordmonee is weg."* Das Portemonnaie meiner Nachbarin war verschwunden. Mit der vorletzten Rechtschreibreform war man den Sachsen übrigens entgegengekommen und schrieb Geldbörse – fast wie hier gesprochen - Portmonee. Doch seit der letzten Reform ist wieder das Ausländische richtig.

Ich fragte: „Wann haben Sie denn das gute Stück verloren?" Sie: *„Forlorn, forlorn?! Das hat gestern Abend in dorr Gaststube eener bei mir offgelesn."* Ich fragte: „Bitte, Sie wissen sogar, wer das war?" Sie: *„Nu dlar. Ä jungscher Mann."* Sie wusste, wer es war. Das wunderte mich, deshalb fragte ich weiter: „Haben Sie das denn nicht bemerkt?" Sie sagte: *„Der had das aus meiner Tasche offgegabld."* Es wurde immer dubioser. „Er hat in Ihre Handtasche gegriffen?" Sie: *„Nee, nee, nee ni in dä Handtasche, sondern in meine Rocktasche."* Ich: „Sie haben eine Tasche im Rock?" Sie: *„Nu."* Ich: „Und da haben Sie nicht gemerkt, dass ein Mann direkt da hinein..." Sie: *„... doch."* Ich: „Na, warum haben Sie dann nicht jemanden zu Hilfe gerufen?" Sie errötete leicht: *„Nu, ich dachte doch, der hädde ernste Absichten. Aber jäddze bin isch föllisch offgeschmissn. Sie müssen mich reddn."* Es war einfach nicht zu fassen. Sie ließ sich freiwillig oder besser willig in die Tasche greifen, und jetzt sollte ich sie retten. Sie sagte: *„Nubbern helfn sich, das is ihr Offtrach."* Es wäre der Auftrag eines Nachbarn, dem Nachbarn zu helfen. Ich wollte schon

sagen, dass ich doch keine Zypris hätte, hielt mich aber zunächst bei der Vorsilbe „auf-" auf. Die wird im Sächsischen meistens zu „off-", sodass der Sachse nicht aufmuckt, sondern offmuggd, nichts aufhält, sondern offhäld, sich nicht aufregt, sondern offrächd. Und nur in Sachsen gibt es ein Off und Ab. Wenn meine Nachbarin das Gefühl hat, es geht abwärts, dann beginnt sie aufzuwaschen. So wie jetzt.

„Sie könn mir oh ni helfn. Mit Ihn und dem Geld und den Männern, das is sowieso alles een Offwasch", sagte sie. Der Aufwasch ist deutschlandweit das Spülen und Reinigen gebrauchten Geschirrs, wobei die Spülmaschine inzwischen das Wort aus dem täglichen Sprachgebrauch vertrieben hat. Heute gilt es vor allem in Gaststätten als Drohung, wenn man nicht bezahlen kann. Aber nur beim Sachsen ist alles een Offwasch, wenn sich alles zusammen erledigen lässt oder sowieso alles immer dasselbe ist, was einem gehörig auf den Zünder geht. Und wenn ein Sachse in eener Brangsche ma mit offgewaschn had, dann heißt das, dass er in ein Arbeitsgebiet reingerochen hat. Das erklärte ich meiner Nachbarin.

„Se missn ni immer alles so genau offdrösln, Sie", sagte sie, trocknete ab und begann danach zu stricken. Immer wenn sie aufgeregt ist, arbeitet sie sich mit Wolllust an Schals, Socken oder Pullovern ab. Gleichzeitig lieferte sie mir ein wunderbares Wort. Offdrösln oder auch offtroddeln, offtriefeln oder offtrudeln bedeutet auftrennen oder auch Verstricktes entwirren. Jetzt nahm sie plötzlich einen meiner jahrelang getragenen Pullover und zog an einem Faden, bis nichts mehr von dem Überzieher übrig blieb. Wenn sie so schön beschäftigt ist, dann denkt sie bestimmt nicht mehr an ihr Portemonnaie, dachte ich. Aufwaschen oder Stricken ist ja eine wunderbare Methode, den persönlichen Verdrängungsmechanismus in Gang zu setzen. Bei Männern nennt sich dasselbe Phänomen Basteln.

Doch plötzlich sagte sie: „Offgepasst: Wenn Se jäddze ni sofort offstehn und mir mei Geld besorchn, dann räch ich mich rischdsch off, dann geh ich krachn, dann sin mir geschiedne Nubbern. Das geht doch ni."

Egal ist egal egal

Die sächsische Sprache reagiert blitzschnell auf Skandale, ganz gleich, ob bei Pferden oder Eiern.

Ich schippte Schnee und dachte an nichts Böses. Da hörte ich plötzlich meine liebe Nachbarin: *„Wie die widdr rumeiern, ega diese Skandale, aber mir kanns ja echal sein, denn die pferdsche Lasagne is gar ni gesundheitsgepferdend."* Ich ahnte Schlimmes, denn ich hatte schon Pferde gesehen, die vor der Apotheke ihr Inneres nach außen übergaben.

Meiner Nachbarin aber war das egal, sie ließ sich nicht aufhalten und sagte folgenden Satz: *„Ich will da jäddze ni ega droffrumreiten, morr muss ja ni alles forwurschdn, aber was so ä paar egale Pferde für än Schwanz hinter sich herziehn - das is schon gaul."* Ich wollte sie beim Dauerkalauern stoppen, aber es gab keine Chance, ihren Wortschwall aufzuhalten. *„Das is doch ä Witz, wie die sich forgallopiern. Überall solln jäddze Spuren von den Eenhufern drin sein. Natierlich. In dorr Lakritze is Pferdebludd, im Käse fand man jäddze Schimml, in Fischstäbchen Seepferdchen, beim Italschener ham die gestern Bologesel emfohln, beim Gemüsehändler wurden Pferdeäbbl gesichtet, und dorr Friseur had die ganze letzte Woche Pony geschnitten."* Sie lachte vor Freude über ihre eigenen Scherze wie Markus Lanz, als er noch „Wetten dass ..." moderierte. Ich schwieg, sie aber redete und redete: *„Dä Kühnasten, hier, na, also dä Grüne unter den Fraun, die had doch ehja gefordert, dass nuh endlich ma Ross und Reiter genannt wärn müssn. Egoal, im Grunde genomm is es ja wurschd, von was ehm schleschd wärd."* Mir wurde übel.

Während ich versuchte, meinen Normalzustand wieder zu erreichen, dachte ich über ein Wort nach, das sie sechsmal unterschiedlich benutzte: Egal, echal, ega, ehja, egale oder egoal. Es handelt sich immer um egal, aber der Bedeutungsinhalt ist vor allem im Sächsischen völlig unterschiedlich: 1. Wenn etwas ega oder ehja oder echa passiert, dann geschieht es ständig, immer, fortwährend. 2. Wenn jemand in Sachsen ega oder ehja geschissn kommt, dann kommt er oft und vor allem ungelegen. 3. Wenn dem Sachsen etwas egal oder echal is, dann ist es ihm gleichgültig. 4. Wenn einer eine längere Geschichte mit egal abschließt, dann verwendet er egal im Sinne von kurzum. Und 5. Wenn ein Bauer egale Pferde hat, dann besitzt er zwei gleichartige, gleich beschaffene Tiere, es können aber auch egale Latschn sein. Der Lausitzer macht daraus egoalch und benutzt es als Synonym für gleich. Er sagt: *Ich koann die beedn ne ausenanderhaaln, die sahn egoalch aus.* So ist egal egal was anderes, aber sprachökonomisch.

Meine Nachbarin meinte noch, dass jeder neue Skandal einen Pferdefuß hätte und jetzt der Energiegehalt von Fertiggerichten nicht mehr in Kilokalorien, sondern in PS gemessen werde. Sie verlange aber deshalb beim Fleischer noch lange keine Gänsefüßchen. *„Morr muss ni alles wörtlich nehm."* Denn wenn es im Fischladen wie Hechtsuppe zieht, käme sie doch nicht auf die Idee, Hechte zögen eine Suppe an den Tresen. Sie hatte recht, denn die Hechtsuppe kommt ursprünglich vom jiddischen Hech Supha, was „wie Sturmwind" heißt und sich aus unerfindlichen Gründen zur ziehenden Hechtsuppe entwickelte.

„Nee, ich hab von dem ganzen skandalösen Gedrabbl dä Graubn dicke", sagte meine Nachbarin, ließ mich in der Kälte stehen, verschwand in ihrer Wohnung, rief mir aber noch lachend zu: *„Im Grunde wiehert mich das alles viehisch an."* Ich musste ob ihrer Wortverwertung lachen, aber konnte das letztlich gut verstehen. Denn es ist schon interessant, wie schnell Sprache auf Skandale reagiert und wie die Sachsen lächerlich machen, was sie sowieso nicht ernst nehmen. Ich nahm den Schnee von gestern auf die Schippe und schob ihn einfach zur Seite.

In dorr Schärze lieschd dä Wärze

Manchmal muss sich der Sachse erklären. Doch die Frau wehrt sich, denn sie lässt sich nicht auf eine Schürze reduzieren. Gut so.

Schon ganz früh am Morgen knallte plötzlich eine Tür, dann ein Schluchzen. Ruhe. Ich lief zu meiner Wohnungstür, öffnete, schaute in den Hausflur. Dort hockte am Boden meine Nachbarin, den Kopf auf den Knien. Sie weinte. Plötzlich schaute sie auf und sagte: *„Ich halt das nimmer aus mit dem Gnusberkobb."* Ich wusste sofort, dass sie von ihrem Göttergatten sprach. „Was ist denn passiert?", fragte ich.

„Was der gemacht had, wolln Se wissn?" Ja, das wollte ich wissen, denn wir befinden uns in Deutschland ab und zu in einer intensiven Fummeldiskussion. Da kann man nicht vorsichtig genug sein, wenn in der Nachbarschaft einer eine Frau belästigt, besonders wenn es die eigene ist. Meine Nachbarin begann mit einer Erklärung: *„Also, mir ham doch heide dä Leinewandhochzeit. Und da had der mir dlei nachn Offwachn ausnandordlamüsorn wolln, also ausänannerpusemandiern, warum mir immor ausänandergekomm sin."* Ich verstand sie mal wieder nicht. *„Dann had der mir ä Geschenk gemacht."* Das verstand ich. *„Dann had der noch was gesacht."* Warum nicht. *„Da wurd ich fuchsdeibelswilde."* Warum das denn?

Ich hätte gern gewusst, was ihr Mann zu ihr gesagt hatte, aber sie begann wieder zu heulen. Ich nutzte die Zeit, um über ihre Worte nachzudenken. Dieses ausnandordlamüsorn oder auseinanderklamüsern klang schon sächsisch-charmant. Und im

Grunde war es das auch. Denn ihr Mann wollte sich ganz genau erklären, etwas ordnen, entwirren. Nach 35 Jahren muss das erlaubt sein. Klamüsern kam aus dem Lateinischen ins Sächsische, es stammt von calamus ab, einer Bezeichnung für Lehrer. Vielleicht kam daher der Unmut meiner Nachbarin, denn Zeigefingerbeziehungen können oft einseitig pädagogisch sein. Das Ausänannerpusemandiern oder Auseinanderposamentieren meint übrigens genau dasselbe.

Und wenn einer sagt, mir komm schon ausänander, dann behauptet er, dass man sich gütig einigt, dass man sich verständigt. Der Mann meiner Nachbarin erklärte ihr also am frühen Morgen der Leinen-Hochzeit nichts weiter, als dass er froh wäre, dass ihre Beziehung so gut gehalten habe wie ein fester Stoff, weil sie sich immer einigen konnten. Das erklärte ich ihr.

Meine Nachbarin schaute auf und sagte: *„Der had mir ne neue Kittelschürze geschenkt und gesacht: In dorr Schärze lieschd dä Wärze. Das had der gesacht."* Sie erzählte mir auch, dass zu ihrer Hochzeit, die sie vor 35 Jahren in Meißen feierten, unter den Gästen ein Teller herumgereicht worden war, auf dem ein Stückchen angebrannter Stoff lag. Jeder, der den qualmenden Fetzen bekam, wurde aufgefordert, für die Braut Geld zu spenden, und davon wurde ihr die erste Schürze gekauft, die ihr dann ihr Mann schenkte. Ihre Schwiegermutter sagte damals zu dem Ritual: *„Ä Gobbtuch is zu wenig, ä Dleed, das is zu viel, doch nä Schärze is genuch."*

Meine Nachbarin zog damals die Schürze an, oft aber hätte sie gedacht, dass das der größte Fehler ihres Lebens gewesen sei. Dann sagte sie völlig verständlich: *„Sind Schärzn ni der Stoff, aus dem dä Frau, had se sich ema darin einwickeln lassen, nie mehr rauskommt? Steggd dä Frau ni in dem Kiddl wie ene im Herbst gepflickte Bohne im Einweggglas? Natierlich is si so selbst nach dem Verfallsdatum unverderbbar, aber junges Gemiese schmeggd dem Mann nu ma besser. Die eingemachtn Bohnen bleiben so oft jahrelang in dor letztn Reihe stehn, bis ma widder Not an Frischgemiese is."* Das sagte meine Nachbarin. Ich setzte mich neben sie, und wir heulten eine Runde zusammen.

Wie geht's uns dänne, Infaulenzsche?

**Der Sachse kränkelt nicht, ihm wird nur inne-
wendsch ganz butzsch zumute. Die Mittel dagegen
kann er auswendsch.**

Meine Worte krochen über ein Reibeisen. Gestern früh kam nicht
ein Buchstabe unbeschadet aus meinem Hals. Irgendwann konnte ich nicht mal mehr Selbstgespräche führen. Schade, denn in
meinem Alter erfahre ich dabei inzwischen oft Neues.

Als ich mir schweigend einen Hals-Nasen-Ohren-Tee koch-
te, klingelte das Telefon. Ich schaute auf das Display und sah,
dass meine Nachbarin anrief. Das ist der Vorteil heutiger Telefo-
ne, dachte ich, man erkennt sofort die Gefahr. Da ich das Risiko
liebe, nahm ich das Gespräch an, hustete in den Hörer. Meine
Nachbarin sprach aus der Muschel: *„Se sin wo ni rischdsch offn
Damm?"* Richtig, dachte ich und benieste die Frage. Sie sagte:
„Bestimmt sehn Se ganz miesepetrisch aus." Scherze mit Namen
sind wirklich schlecht, wollte ich ihr sagen, aber es kam nur ein
„Ruch achu chrr röhhhh" aus meinem Mund. Immerhin ein voll-
ständiger Satz.

Gleichzeitig dachte ich darüber nach, wie viele sächsische Wörter es wohl noch gibt, die den Zustand des grippalen Infekts
beschreiben. Mir fiel butten ein, was kränkeln heißt, aber auch
butzen, was vor allem die Vogtländer sagen, wenn ein Tier oder
Mensch kümmerlich aus dem Stall oder der Wäsche guckt. Wenn
einer die Butze hat, dann hat er eine leichte Krankheit. Dabei
sieht das Opfer oft gägsch, hiefrisch oder mau aus, fühlt sich ma-
lade, mank oder pieperisch. Das Wort kommt ursprünglich von

spieberig, spiwen, speien. Man befördert die Piepen, die Innereien, nach außen.

Piepen ist ein süßsauer zubereitetes Gericht aus Eingeweideteilen des Rindes. Innereien sind in Sachsen auch Flecke, Kaldaunen, Kutteln und Schawanzen. Wahnsinn, was einem alles Unappetitliches einfällt, wenn man schweigen muss.

Meine Nachbarin sprach: *„Se missn ma was offwendn und innewendsch Middl anwendn, damit Se dä Infaulenzsche abwendn. Was nötsch is, kann ich auswendsch."* Ich wollte etwas einwenden, konnte mich meiner Stimme aber nicht zuwenden. Mir fiel nur auf, dass sich wenden vielseitig verwenden lässt. Dabei scheinen innewendsch und auswendsch Gegensätze, aber eben nur scheinbar. Denn tatsächlich bezeichnete einst inwendig die Innenseite und auswendig die Außenseite. Wenn einer etwas auswendig kann, dann trägt er das, was er inwendig kann, nach außen. Wenn er es kann. Und da wendig zugleich heißt, dass sich etwas leicht steuern lässt, ist einer, der etwas auswendig kann, geistig beweglich.

Meine Nachbarin rief in den Hörer: *„Gegen dä Infaulenzsche hilft Ingwer mit Zwiebelsaft."* Noch so etwas Unappetitliches. *„Dorr Krankmacher samt Wort kommt iebrigens aus Spanschn, das ham die in Valencia erfundn"*, sagte meine Nachbarin. Mir verschlug es erneut die Sprache. Ich röchelte einen Widerspruch. Mit Infaulenzsche meinte sie kein katalanisches Kurbad, sondern das italienische Wort Influenza. Das beschreibt jene Krankheit, die man sich im Mittelalter aus dem coeli influencia, dem Einfluss der Gestirne auf die Innereien, erklärte. Später bezeichnete das Wort die echte Grippe, die einen ins Bett zwingt, wo man dann mit matten Gliedern faul rumliegt. Den Sachsen inspirierte die Kombination aus Influenza und faul zu dem Wort Infaulenzsche. Allerdings gehört es auf die Liste der aussterbenden Vokabeln.

Meine Nachbarin sagte plötzlich: *„Wissn Se was, ich mag fordorbne Männer, die so forrucht röcheln."* Meine Stimme regte sich innewendsch, und wie von selbst kam es auswendsch aus mir heraus: „Lieber eine gesunde Verdorbenheit als eine verdorbene Gesundheit." Dann legte ich ganz schnell auf.

Was wird, wenn ma was is?

Die Sachsen sind anders als andere. Deshalb verwenden sie anders auch anders.

Ich lief zum Briefkasten. *„Sie!"*, rief sie. „Ich?", fragte ich und dachte: Was wohl schon wieder ist? Meine Nachbarin sagte: *„Ja, Sie! Wissen Se, wenn ich an morschn denke, da wird mir andersch."*
Ich überlegte kurz und sagte: „Glauben Sie wirklich, morgen werden Sie anders?" Da tat sie etwas ganz anderes, als ich erwartet hatte. Sie schwieg. Also fragte ich: „Waren Sie es nicht, die immer sagte, früher war alles anders, viel schöner?" Sie fand ihre Sprache wieder und sagte: *„Schön is andersch. Deshalb frache ich Sie ja hier und jäddze ni, was war, sondern, was wo wird, wenn ma was is."* Ich sagte: „Es ist nichts." Sie sagte: *„Aber wenn nuh ma was is?"* Ich: „Was soll denn sein?" Sie atmete plötzlich hastig und schrie: *„Das weeß ich doch ni, deshalb wird mir ja andersch!"*
Typischer Fall einer Ende-Aus-Feierabend-Maya-Fantasie, dachte ich. Anders war das nicht erklärbar. Erklären konnte ich mir nur, dass jemand anders ist, wenn ihm anders wird. Dann ist ihm merkwürdig zumute, ihm kommen üble Gedanken. Ist etwas anders, dann hat sich was geändert. Aber ändert sich nichts, dann geht's eben nicht anders. *„Wenn's ni andersch is, dann is es ähm, wie's is"*, sagt der Sachse. Er sagt aber nur selten anders, sondern im Erzgebirge und im Vogtland sagt er annersch, in und um Meißen und in der Lausitz andersch, in bestimmten Ortsteilen der Oberlausitz sagt er auch angersch, anderscher, anderschder oder andorschor. Aber überall versteht der Sachse das-

selbe, wenn einer anderschrum ist. Es kann zudem nur eine Frau andersch dran sein, nämlich schwanger, in anderen Umständen. Meine Nachbarin hatte sich inzwischen etwas beruhigt. Aber nur etwas. *„Ich weeß, was is"*, sagte sie. *„Das Läbn is gefährlich, das hat noch keener überlebt."* Sie war irgendwie anders drauf als sonst. Ich lud sie zu einer Tasse Kaffee ein und sagte: „Machen wir es uns ein bisschen gemütlich." Sie sagte: *„Wissen Se, was meine Tochter dazu sacht? Mir relaxen, schillen oder schilllaxen."* Das ist Neusächsisch und völlig unnötig, denn das Wort Gemiedlichkeet erfanden die Sachsen, und es ist international. Ja! Kein Scherz. Der Bayer singt zwar: „Ein Prosit auf die deutsche Gemütlichkeit", aber er weiß nichts von ihrem Ursprung. Es bedeutet ursprünglich „voller Gemüt". Die Herrnhuter, die Brüdergemeine aus der Oberlausitz, die schon immer und noch immer zu Sachsen gehört, benutzten die Vokabel erstmals Anfang des 18. Jahrhunderts im Sinne von Herzlichkeit.

Dann ging das Wort um die Welt, auf dass sie herzlicher oder wenigstens behaglicher werde. Die Amerikaner probierten es trickreich im Dschungelbuch mit Gemütlichkeit, auch die Engländer und Franzosen können das Wort gut verstehen, denn in ihrem Vokabular verwenden sie für den Gemütszustand des Wohlbefindens und der Ruhe dasselbe Wort: Gemütlichkeit. Wie der Sachse, wie seine Fahne mit dem Grün der Beruhigung und dem Weiß der Kapitulation.

Der Sachse macht sich Gemütlichkeit und singt schon lange ein Lied davon. „Die gemütlichen Sachsen" waren um 1910 eine sächsische Volkssängertruppe, die auch als die Leipziger Krystallpalast-Sänger auftraten und auf ihre Weise Weisen von den schönen Seiten des Lebens sangen, von Opernfeinden, vom Kompaniekarnickel, vom hellen Sachsen und eben vom gemietlichen Sachsen. Und weil der Sachse auch die Gemütlichkeit mit Humor nimmt, gab es in den 1920er-Jahren eine satirische Zeitschrift „Der gemütliche Sachse".

„Mir sin äbn andersch als die andern", sagte meine Nachbarin. *„Da kann sein, was is, und komm, was will. Und wenn ma was is, macht nischt."*

Frau Anmache

Komplimente auf Sächsisch sind eine Kunst, die nicht jeder kann. Manchmal hilft eine Fremdsprache.

Sie kam die Straße runtergerannt. Dann sagte sie: *„Wissen Se was ..."* Ich wusste nicht, was. *„Wissen Se, was es für Schnösl an dorr Kasse im Konsum gibd. Furchdbar!"* Ich musste meiner Nachbarin recht geben, denn das war mir auch schon aufgefallen. Immer mehr junge Männer sitzen in Einkaufsmärkten lächelnd an der Kasse. Aber nicht irgendwelche jungen Männer in Kittelschürze, sondern stolze Azubis, gestylt bis in die Haarwurzel, duftend nach Axe und Gel. Meine Nachbarin: *„Und wissn Se, was dor dleene Konsumschnösl zu mir gesacht hat, wissn Se, was der gesacht hat?"* Ich wusste es nicht. *„Der hat gesacht ..., das könn Se sich ni forstelln, was der gesacht hat."* Ich konnte es mir nicht vorstellen. *„Der hat gesacht: Na, Sie miessn frieher ooch ma ä ganz schöner Männerschwarm gewesn sein! Das is doch änna Anmache sondershausn."*
Ich hätte das eher als Unverschämtheit statt als missglückte Beschreibung von Altersschönheit aufgefasst. Er hätte auch gleich fragen können: Wie fühlt es sich an, wenn eine Rose zur Hagebutte wird? *„Und dann"*, sagte meine Nachbarin, *„dann hat der mich nach meiner Postleitzahl gefrachd. So änne Unforschämdheed. Frieher, da ham mich die Männer wenigstens noch nach der Telefonnummer gefrachd"*, sagte meine Nachbarin.
Ich dachte über das Wort Anmache nach. Mache allein bedeutet im Sächsischen einerseits, sich mit etwas beschäftigen, etwas in der Mache haben. Das muss nicht schlecht sein. Doch wenn man jemanden „in dorr Mache" hat, dann setzt man ihm mit Taten oder Worten zu, macht ihn schlecht. Andererseits ist die Mache eine Zutat an Speisen, beispielsweise Butter, Speck oder Fett.

Fehlt das, sagt der Sachse: *„Du musst das Essn noch bissl anmachn."* Deshalb empfand meine Nachbarin den Azububi-Satz als an sie gerichtete Mache, als schmierigen Versuch einer plumpen Annäherung, als Anmache also. Die Männerschwarm-Schmeichelei war einfach zu fett. Doch ich verspürte für den jungen Kassenwart ein gewisses Mitgefühl, denn in Sachsen ist es äußerst schwierig, den richtigen Ton für ein gutes Kompliment zu treffen. Sagt ein Mann einer Frau, dass sie eine Schönheit sei, gerät er sofort in den Verdacht, ein Schwerenöter, schlimmer Finger oder Rockjäger zu sein. Gelegentlich diskutiere ich derartige Probleme in der Männergruppe. Dabei stellte mein Freund Olaf kürzlich die Theorie auf, dass die sächsische Sprache den Herren verbale Hürden aufstelle. Im Russischen wäre das ganz anders. Da rufen Männer einer gereiften Frau gern Golubtschik hinterher, was Täubchen oder einfacher Taube heißt. *„Sie sin aber nä Daube"*, kann in Sachsen kein Mann einer Frau sagen, auch keiner älteren. Es sei denn, sie ist taub. Olaf gab ein weiteres Beispiel der globalen Charme-Offensive. Japaner würden das Gesicht einer schönen Frau im besten Alter liebevoll mit einem „Ei mit Auge" vergleichen: Tamago kato no kao. Man stelle sich vor, ein Mann würde in Sachsen zu einer Mittvierzigerin *„mei Damagodschie"* sagen, er müsste mit dem Beschuss von fauligen Eiern rechnen. Olaf gab nicht auf. In Spanien oder Italien gäbe es sogar einen Brauch, der leider von Sächsinnen oft missverstanden werde, denn die Südeuropäer kommentieren gern das Aussehen einer Frau schlicht als Ausdruck ihrer Bewunderung. Die Spanier nennen den Brauch: el piropo, sächsisch: ä Bierobo. Der Ausdruck führt hier nur dazu, dass der Betriebsrat herbeieilt, um die langjährige Mitarbeiterin vor sexueller Belästigung am Arbeitsplatz zu schützen. Schließlich ist im Büro der Po heilig.

Letzter Versuch. Kein Italiener bekommt Ärger, wenn er zu einer Ü40-Frau sagt: „Vecchia ma ancora buona!" – „Alt, aber noch gut." Genau wie bei Wein oder Käse, hübsch angemacht, wirklich lecker. Vielleicht sollte es der Konsum-Charmeur mal damit versuchen. Für die Richtigkeit der Anmache übernehme ich allerdings keine Gewähr.

Bitte ein bitte

Das schöne kleine Wort „bitte" verschwindet aus dem Sächsischen. Doch noch ist es zu retten.

Als ich gestern nach zwei Wochen aus dem Saarland wieder nach Hause kam, lagen Briefe und Zeitungen wohlgeordnet auf meinem Schreibtisch. Meine Nachbarin hatte den Briefkasten geleert und die Post sortiert.

Ich bedankte mich für die Urlaubshilfe, da sagte sie: „Gerne doch". Wie bitte? Ich traute meinen Ohren nicht. Sie sagte „gerne doch". Ich sagte erneut „Danke". Da sagte sie: *„Dafür ni."* Ich bedankte mich abermals, weil sie mit Liebe meine Blumen gegossen hatte. Da sagte sie: *„Is schon gudd."*

Verdammt, irgendetwas hatte sich während meiner Abwesenheit verändert, aber ich wusste noch nicht, was. Da kam ihre Tochter auf mich zu und gab mir ein Päckchen, das bei ihr für mich abgegeben worden war. Ich sagte: „Danke". Sie sagte: *„Keene Ursache"*.

Jetzt wusste ich, was geschehen war. In meinem Urlaub war das schöne Wort „bitte" verschwunden. Schon im Saarland hätte ich besser zuhören müssen, denn während ich mich beim Kellner bedankte, als er mir Lyoner brachte, sagte er nett: *„Keen Ursach."*

Ich sehnte mich nach dem höflichsten Dialog der sächsischen Sprache, der durch seine Klarheit besticht: „Danke." „Bitte." Aber es folgt seit einiger Zeit dem Dank kein bitte mehr. Keiner will offensichtlich mehr Bittsteller sein. Dabei geht es gar nicht darum, um etwas zu bitten. Das Verb bitten kommt ursprünglich von dem mittelhochdeutschen Wort beiten, was zwingen, drängen, fordern meint. Aber nach einem Dank will keiner den anderen nötigen oder überreden, sondern mit einem Bitteschön den Dank bestätigen.

Wie im Saarland drücken sich jedoch immer mehr Sachsen um das bitte, denn in der Wortwurzel steckt sinngleich binden. Heute will aber keiner mehr ein Versprechen abgeben, sondern stets spontan entscheiden. Es erscheint alles mühelos, keiner will Problem, sondern jeder Lösung sein. Deshalb verschwindet bitte, weil es voll ausgesprochen sagt, dass einer bittet: Ich bitte. Es bleibt der bittere Nachgeschmack eines Wunsches.

Plötzlich sagte meine Nachbarin: *„Erzähln Se doch ma bidde, wies im Saarland so war."* Sie sagte bitte, also gab ich ihrem Wunsch nach und erzählte, dass ich mich dort sehr wohlgefühlt hätte, denn es sei ja im Gegensatz zu Sachsen ein wirklich neues Land. Das 1920 entstandene Saargebiet schloss sich erst

1957 nach einem Volksentscheid der Bundesrepublik an. Und wer sich genau umsieht, der ahnt, wie lange es noch dauern wird, bis die Saarländer Ostniveau erreicht haben. Einst schickten die Saarländer aus Rache für alle Ungerechtigkeiten Honecker nach Berlin, und als der den einen Teil Deutschlands runtergewirtschaftet hatte, erfanden sie Lafontaine, den linken Napoleon von der Saar.

„Wie bidde, mehr ham die ni erfunden?", fragte meine Nachbarin. Die gleiche Frage stellte ich einem Saarländer. Spontan zog er eine Liste der größten saarländischen Erfindungen aus der Tasche. Da wären zum Beispiel der Opel Corsaar, der Saarg, das Saarnatorium, die Saarlami und der Saarkasmus. Zu den großen Persönlichkeiten des Landes zählen Gaius Julius Caesaar, der Saar von Russland, der Saarottimohr, Saarazin und Saarasani. Spätestens jetzt begriff meine Nachbarin und rief: *„Ich darf doch sehr biddn!"*

Sie brauchte mich nicht lange zu bitten, ich erzählte gern, was ich dem Saarländer mit seiner Liste geantwortet habe: Sachsen gehören in die Sächsische Schweiz, Saarländer in die Saar. Der Saarländer sagte: *„Bitte noch een."* Wir erzählten uns die ganze Nacht Witze und lachten Tränen. Na bitte, geht doch.

Lehrerfahndung in ganz Sachsen

In Sachsens Schulen wird viel weggelassen. Das ist die Chance für Sächsisch, denn im Dialekt wird ökonomisch gesprochen, also gespart.

Zurzeit packt sie die Koffer, denn sie hat Ferien. Aber danach geht es los. Meine Nachbarin wird in einer Schule unterrichten. *„Isch bin jäddze Lehrerin"*, sagte sie mir. Ich erschrak und fragte, wie sie dazu gekommen sei, schließlich arbeitete sie bisher beim Friseur. *„Das war mei Glick"*, sagte sie. *„Denn dorr Haarschneider is offn Marschd, und dorde hing ä Zeddl."* „Was denn für ein Zettel?", fragte ich. *„Na, dass die Lehrer suchn, weil es keene Lehrer ni gibd. Sie wissn ooch gar nischd!"* Ich wusste, dass Sachsens Schulen dringend Lehrer nötig hatten, denn so oft, wie die Tochter meiner Nachbarin schon vormittags laut Musik gehört hatte, konnte da etwas nicht stimmen. Außerdem erzählte sie ständig von Filmmehrteilern, die sie in der Schule sehen würde. Dabei haben die Ferien erst vor einer Woche begonnen.

Ich fragte meine Nachbarin: „Was wollen Sie denn unterrichten?" Sie antwortete blitzschnell, als hätte sie die Frage erwartet: *„Hauswirtschaftslehre und Ökonomie der Sprache."* Schon wieder wusste ich etwas nicht, denn ich nahm an, Hauswirtschaftslehre würde gar nicht mehr unterrichtet. Aber es konnte wohl nichts schaden, denn die Kinder von heute lassen alles liegen - und wenn es der eigene Kopf ist.

Viel mehr interessierte mich jedoch das Fach Ökonomie der Sprache. *„Das is Säggs'sch"*, sagte meine Nachbarin. Tatsächlich. Ich lief sofort zu meinem Schreibtisch, um nach Lehrmaterial Ausschau zu halten. Denn wenn der Deutsche zum Beispiel sagt: „Das weiß ich nicht", formuliert der Sachse dagegen verblüffend ökonomisch: „*Weeßsch ni.*" Der Deutsche sagt: Das habe ich, das kann ich, das glaube ich. Der Sachse verkürzt auf: Habsch, kannsch, gloobsch. Deutsch: Das glaube ich auch. Sächsisch: Gloobsch ooch. Wobei angesichts der Lehrerfahndungszettel eher angebracht wäre zu sagen: Ni zu gloobn.

Heute kann offenbar jeder Friseur Lehrer werden, wobei hier ausdrücklich betont werden muss, dass ich nichts gegen Friseure habe. Im Gegenteil: Viel zu lange zögern Lehrer heutzutage, den Kindern mal richtig den Kopf zu waschen. „*Lange Loden, kurzer Verstand*", sagte denn auch plötzlich meine Nachbarin. „*Ham Se noch mehr Beispiele für mich?*" Ich hatte.

Der Deutsche sagt: Jetzt werde ich aber mächtig sauer. Der Sachse spricht: *Da wärsch fuchtsch.* Deutsch: Ich möchte mit Ihnen künftig nichts mehr zu tun haben. Sächsisch: *Du gannsd mich ma fäddläggn.* Der Deutsche: Ich überlege ernsthaft, ob ich dieses Bildungssystem noch wahrnehmen kann. Der Sachse sagt: *Isch wär mich wo bessor forgriemln.*

Die Ökonomie der Sprache entspricht dem Anspruch der Ökonomie des Freistaates. Einfach die Hälfte weglassen, dann reichen auch halbe Lehrer. Wer kein Hochdeutsch lehrt, braucht auch keine Hochschulen. Es kann so einfach sein, zu sparen. Man muss nur kreativ über Schule nachdenken.

Da Kindern heutzutage viel fehlt, könnten auch Müllfahrer in Schulen lehren, wie man selbstständig Müll wegräumt, Busfahrer könnten Schülern beibringen, wie man sich in Bussen verhält, Köche könnten den Kurzen vermitteln, dass es nicht nur Tiefkühlpizza gibt, Gärtner zeigen, wie man Kräuter anbaut. Arbeitslose reichen die Erkenntnis weiter, dass man ohne Bildung am besten keine Arbeit findet, und die Kultusministerin erzählt den Kindern etwas davon, wie man sich verrechnen kann. Meine Nachbarin sah mich böse an: „*Das is doch alles wichdsch, das solln dä Kindor ruhisch wissn.*"

Ich ging auf den Marktplatz, um mir den Aushang anzusehen. Ich kam nicht ran. Kinder standen davor, sie wollten alle Lehrer werden.

Höfliche Verachtung

Der Sachse ist eigenartig eigen und artig. Er lächelt, selbst wenn ihm gar nicht danach zumute ist. Genau das macht ihn verdächtig.

Bei Festen geht es handfest zu. Erst am Wochenende sah ich, wie meine Nachbarin an der Elbe feierte. Ich sah, wie sie am Bierstand stand, wie sich ein Mann mit Berliner Schnauze neben sie stellte und rempelte. Meine Nachbarin schwieg, aber ich sah ihr an, was sie dachte: *„Änne Unart is das."*

Der kräftige Mann zündete sich eine Zigarette an und blies der Dame seinen Rauch ins Gesicht. Sie schwieg. Er klopfte die Asche seiner Zigarette auf ihr Kleid. Sie schwieg. Doch ganz langsam röteten sich ihre Wangen, und dann sagte sie: *„Sie, wenn Se jäddze noch Ihre Glut off meiner Hand ausdrickn wolln, dann, dann ..."* Sie holte tief Luft, stützte ihre Hände in die Hüften und sprach: *„... dann stell ich mich weg."*

Ich musste sofort an Wilhelm Busch, Max und Moritz denken: „Sei höflich und bescheiden, denn das mag der Onkel leiden." Als meine Nachbarin mich sah, kam sie an meinen Tisch und sagte: *„Ich gloob, der dicke Preiße kann dä Saggs'n ni so rischtsch ästimiern."* Das sächsische Wort ästimiern ist so gut wie ausgestorben, jedenfalls hatte ich es seit Ewigkeiten nicht mehr gehört. Es klingt elegant, leicht, fließend, gefällig, schmeichelnd. Und es meint, dass einer den anderen schätzt, achtet oder würdigt. Doch wenn einer den anderen ni rischtsch ästimiert, dann verachtet er ihn. Aber verachten würde der Sachse nie sagen. Er bleibt manierlich. Höflichkeit ist ihm angeboren, es ist seine zweite Natur. Thilo Sarrazin verschweigen wir dies, denn er würde sofort vom höflichen Sachsen-Gen schreiben.

Das Wort höflich entwickelte sich aber nicht genetisch, sondern aus dem Begriff höfisch, was die Lebensart am frühneuzeitlichen Hof bezeichnete. Aber auch wenn ein Sachse aus einem steinzeitlichen Hinterhof kommt, verliert er nicht die Contenance, also seine Haltung. Schließlich hat er eine. Er verliert auch ungern sein Gesicht, weil er überhaupt nicht gern verliert. Der Sachse ästimiert sich.

Der Ursprung der Vokabel liegt zum einen im Lateinischen, aestimare, und zum anderen im Französischen, estimer, und bedeutet, egal, woher es stammt, das, was der Sachse für sich einfordert. Was genau das ist, „das verschweigt des Sängers Höflichkeit", wie der 1757 auf Schloss Klippenstein in Radeberg geborene Dichter August Friedrich Ernst Langbein in seiner Erzählung „Die Weissagung" bereits 1804 schrieb.

Als ich später zu Hause draußen im Hof saß, hörte ich, wie meine Nachbarin und ihr Mann auf dem Balkon redeten. Ich hörte auch, wie ihr kleiner Enkel schrie. Er konnte offensichtlich nicht einschlafen. Meine Nachbarin sagte: *„Ich geh ma nein und sing dem Wärschl was vor."* Ihr Mann sagte: *„Meine Gude, willste es ni erscht ma im Gudn forsuchn."* Ich musste sofort an Heinrich Böll denken, der in „Billard um halb zehn" schrieb: „Höflichkeit ist doch die sicherste Form der Verachtung."

Es gibt im Sächsischen tatsächlich kein anderes Wort für höflich außer heeflich. Dafür aber ein Dutzend für unhöflich: Kappsch, kiefsch, krääbsch sind nur drei davon.

In Sachsen existiert aber eine ganz spezielle Form des angedeuteten guten Benehmens. Sie beginnt mit dem Wort *„Tschuldschung"*. Das wurde mir klar, als meine Nachbarin später runterkam und sagte: *„Se wärn entschuldschn, was machn Se dänne hier. Missn Se im Hof rumlungern wie ä Pänner! Machn Se sich hoch in Ihr Neste, sonsd didsch isch Ihrn Nischl offs Pflaster, dass Ihr Gehärne aus'n Ohrn spritzt."* Ich wendete ein, dass es doch wohl kein Problem sei, wenn ich noch ein bisschen im Hof sitze. *„Ähmd. Is es ni. Desdorweschn sache ich es Ihn ja ganz heeflich."*

Dresdner sind Hinterwäldler

Es gibt Orte in Sachsen, die man besser nicht besucht. Sie heißen Kaff oder Quetsche.

Als ich vom Pfingstausflug zurückkam, stand meine Nachbarin am Zaun und empfing mich freudig. *„Na, wo warn Se dänne?"* Ich antwortete: „In Gebirge." Sie lächelte ein Lächeln, das ich noch nie bei ihr gesehen hatte, und sagte: *„Mei Gudsdor, jetze hab ich Sie abor erwischt, das heest ni in, sondern im Gebirsche."* Ich sagte: „Nein."

Denn ich war tatsächlich in einem kleinen Lausitzer Ort namens Gebirge. *„Ach so, ich weeß, das is die Kuhbläke hinter Posemuggl bei Hintertupfing, wo dorr Pfeffor wächst. Das is noch ni ganz am A... dorr Welt, aber die ham von dort ä herrlischn Blick droff"*, sagte sie. Ihr Wortschatz verblüffte mich. Zudem übertrieb sie mächtig, denn Gebirge ist wirklich schön – eine Kuhbläke oder Kuhblöke dagegen ein schwer erreichbares Dorf, ein einsames Bauerngut oder eine Weide, auf der Kühe grasen und herumblöken. Wenn ein Mann zu laut wird, sagen deshalb sächsische Frauen: *„Du Ochse, bläk mich ni so an!"* Kuhbläken kommen in Reiseführern nicht vor, höchstens in solchen, die Orte vorstellen, die man nie besuchen sollte.

Der Sachse unterscheidet sehr genau bei der Bezeichnung seiner Gemeinden. An einem Kaff fährt man am besten schnell vorbei, denn es handelt sich um ein Drecknest, wo sich nicht Hase und Igel, sondern Not und Elend gute Nacht sagen. Meine Nachbarin: *„Dorde is dann dorr Arsch dorr Welt, und die Leide, die da wohn, sin dä Hämoriedn."* Ich sagte: „Versündigen Sie sich bitte nicht mit Ihrer Wortwahl!" Kaff ist, rein sprachlich betrachtet, nur ein Synonym für Dorf, es kommt aus dem Rotwelschen, von Kefar. Im Hebräischen ist Käfar ebenfalls die Vokabel für Dorf. Der Kaffer ist der dumme Kerl, der Bauer, der Dörfler. In der Lausitz bezeichnet Kaffer zudem einen Hosenstall, eine kleine Kammer, Kafterchn oder eine Gaube. Ein Kaffer kann aber auch ein kläffender Hund sein. Heute ist davon der Begriff Kläffer übrig.

Etwas, aber nicht wesentlich schöner ist die Klitsche, oder wie der Sachse korrekt formuliert, dä Dlitsche. Das Wort steht für Bauernhof, kann aber als düchdsche Dlitsche zudem einen armseligen Betrieb beschreiben. Das könnte aus dem Polnischen von Klec, armseliges Haus, entlehnt sein oder von klitsch, was nass oder schmierig oder beides bedeutet. Jedenfalls ein ziemlich unwirtlicher Ort. Das Wort Ort übrigens ist ebenfalls sächsischen Ursprungs. Im Westerzgebirge und im Vogtland war vor allem der Bergmann vor Ort, also an seinem Arbeitsplatz.

Eine Gemeinde, leicht schöner als eine Klitsche, wird Quetsche genannt und ist eine kleine Wirtschaft, ein Platz, den man aufsucht, wenn man nichts sucht. Außer Langeweile. Inzwischen eine echte Marktlücke im hektischen Alltag der Großstadt.

Dresdner, Chemnitzer und Leipziger glauben ja, in Großstädten zu wohnen. Aber Sachsen kennt keine Großstädte. Das erfuhren die Sachsen nach 1990, als aus den alten deutschen Großstädten Aufbauhelfer kamen und eine Buschzulage verlangten. Die sächsische Provinz war der Busch, ein kleiner Wald. Auf Dresden trifft das, rein sprachlich betrachtet, sogar zu, denn Drezdane ist eine altsorbische Bezeichnung und heißt „Ort der Leute am, im oder hinterm Wald". Hinterwäldler also. Übrig blieb die Bezeichnung Waldschlößchen samt Brücke. Oben die Fledermäuse, unten die Biber. Heute nennt manch einer Dresden deshalb Possendorf.

„Na, na, na, na, na", hörte ich plötzlich meine Nachbarin sagen, „was sachn Sie denn da! Sie wärn sich doch mit Ihrer Wortwahl ni an Ihrm schön Daheeme forsündschn." Ich sagte: „Nein. Ich liebe dieses große Residenzdorf."

Mahlzeit zum Didschn

Der Sachse mag das regelmäßige Essen. Doch das Schnellverdauungssystem lässt das nicht mehr zu. Nur gedidschd wird weiter.

Ich kann Zeit riechen. Das liegt an meiner Nachbarin. *„Bei mir gibds immer um siehme Friehstick, um neine zweetes Friehstick, um zwölfe Middach, um viere Gaffee und um siehme Ahmbrod. Immer"*, sagt sie. Sie is(s)t meine Mahlzeit, der Wecker meines Stoffwechselprozesses. Denn ich rieche regelmäßig ihre regelmäßige Küche. Nachts verduftet sie nie, ein Nachtmahl gibt es bei ihr nicht mal manchmal.

Der Essrhythmus meiner Nachbarin zeigt auf verdauungswürdige Weise, nach welchem Mahlzeit-Schema in Sachsen gegessen wird: *„Siehme, neine, zwölfe, viere, siehme."* Ein uhriger Speiseplan. Tickzack: Hauptmahlzeit, Zwischenmahlzeit, Hauptmahlzeit, Zwischenmahlzeit, Hauptmahlzeit. Ein Fünf-Gänge-Menü im Tagestakt. *„Und gegessen wird, was offn Tisch kommt, ob dä Knast hast oder ni"*, sagt sie. Und: *„Ich hasse das ganze Schnellfraasgelumbe. Da krischsde ä Habbn zwischndursch off dä Gralle, wärschsd das Zeich nundor, bis dir dorr Machn in dorr Kniekähle hängt."*

Ich war und bin beeindruckt von ihrem Plädoyer gegen das Fastfood-Zeitalter, das den historisch geprägten Mahlzeiten keine Chance mehr lässt, sondern nur die Esssucht füttert. Selbst das schöne sächsische Wort „Mahlzeit" oder *„Mahlzeet"* als Gruß zur Mittagszeit übergibt sich inzwischen ins Unterschichtenvokabular. Heute wird gebruncht und damit „Friehstick siehme und neine" sowie „Middach zwölfe" abgeschafft. Das sagt schon das Wort: Breakfast und Lunch werden verkürzt auf Brunch. Oder es gibt Dinner, aber das muss dann promiperfekt sein.

Nicht jeder Sachse hält jedoch seinen Mahlzeitenrhythmus für gegessen, sondern nicht wenige pflegen unbeirrt die Essrituale. Das verlangt schon der Selbsterhaltungstrieb. *„Außerdem darf bei mir gedidschd wärn. Immer"*, sagt meine Nachbarin. Denn in Sachsen wird alles eingetaucht, versenkt, getunkt, gestippt, eingeweecht, neingemehrt in jede sich bietende Flüssigkeit. Die Didsche ist die Soße.

Gedidschd oder getitscht werden vorzugsweise Semmeln, Bemm, Ränftl, Stolln, Streiselkuchn, Kekse und natürlich Eierschegge. Im Grunde gibt es nichts, was nicht gedidschd werden kann. Als besonders didschfreundlich erweist sich Kaffee. Touristen sollen schon erlebt haben, dass in einem Café ein Sachse an ihren Tisch kam und fragte, ob er mal seinen Kuchen bei ihnen neindidschn dürfe, denn sein Kaffee sei schon alle.

Didschn gehört zur sächsischen Esskultur wie Kartoffelsuppe, Sauerbraten, Flägge, Bäffstägg und Tote Oma. Es ist eine Weltanschauung. Meine Nachbarin fährt nur aus einem Grund an die Ostsee. Sie stellt sich an den Strand, schaut, wie die Sonne untergeht, und in dem Augenblick, wo der glühende Ball im Meer versinkt, sagt sie seufzend: *„Gugge, jäddze didschd se."*
Didschn heißt jedoch noch viel mehr. Wer didschd, der wirft flache Steine übers Wasser. Man kann es regelrecht hören. Sie hüpfen, springen, tanzen, bis sie versinken. Jemanden didschn heißt, ihm einen Dämpfer verpassen oder ihn ausdrücklich auf etwas hinweisen. Viele Kinder besitzen gar eine Didschorkuchl, eine Titscherkugel. Das ist kein Pfannkuchen, den der Nachwuchs spritzend im Kakao versenkt, sondern eine Murmel, die Bahnen hinabkullert oder gelegentlich verschluckt wird.
Didschn heißt für den Sachsen aber vor allem, sich das Leben zu erleichtern. Er muss sich hart durchbeißen, da hilft es, die Dinge aufzuweichen. So macht es der Sachse mit allen Problemen. Einfach mal neindidschn. Und so ist alles besser verdaulich. Denn manchmal kann man die Zeit einfach nicht mehr riechen. Dann schluckt man sie einfach runter. Mahlzeit!

A B CH D F G H I L M N O U R S

Immer wieder werden die Sachsen nicht verstanden. Vor allem von Beamten mit Migrationshintergrund. Dabei hat das sächsische Alphabet nur 14 Buchstaben.

Als ich gestern nach Hause kam, stürzte meine Nachbarin auf mich zu: *„Ich bin so wuhdsch. Du gannsd dän Oborn sachn, was dä willsd, die forstehn nischd!"* Das verstand ich. *„Das lieschd an dem sich ausbreitenden Analphabetismus"*, sagte sie. Das verstand ich. *„Viele dorr Ober-Beamtn haben doch ä Migrationshintergrund, sie kommen aus Bayern, Schwaben oder Sorbien. Die brauchn ä Integrationskurs ins Säggsche."* Ich fragte, wie das gehen soll. Meine Nachbarin antwortete sofort: *„Na buchstabnweise. Das is eefach, denn dem Saggsn reichen 14 Buchstabn. Ich hab da ma was forbereitet."* Sie zog ein Papier aus ihrer Handtasche, und ich las:

Das **A** ist das A und O der sächsischen Sprache, eine Art Zugangscode. Manchmal klingt es wie Aoh, aoh, aoh. Das A verdumpft zudem im Wortmittelpunkt, so wird aus fragen frochn oder aus einem Spaten ä Schbodn. Der A-Laut breitet sich zudem oft zum Ä aus. Sein Ä reicht vom ä als unbestimmtem Artikel wie ä Blääddrääd oder einem ä-ää-ä als Hinweis auf eine Denkpause über ein längeres ä als Ausdruck der Ungläubigkeit, die doppelte Verneinung ää bis zu einem leicht variierten ä als Form der Hochachtung oder einem gehusteten ä als Hinweis auf völliges Unverständnis weiter bis hin zu einem abfällig intonierten ä als komplette Ablehnung oder einem fragenden ä mit vorgesetztem h, was als hää einfach nur „wie bitte" heißt.

Das **B** is babbsch wie eine überreife Birne am Bärnbohm und ersetzt oft P, den sächsischen Buchstaben mit der stärksten Konsonantenschwäche. Bärnbohm schreibd morr midn Bärnbohm-Beh und Bappelbohm schreibd morr midn Bappelbohm-Beh. So wird aus dem Papst dorr Baba, der Palast zum Balast, pappig zu babsch, die Pein zum Bein, der Pass zum Bass, die Oper zum Ober, das Pack zur Bagahsche, das Handgepäck zum Keks, also zum Gebäggstigg. Und wenn der Sachse ein Päckchen bekommt, grichd dorr rote Bäckchn, statt packen geht er baggn.

Das **C** ist einer jener Buchstaben, die der Sachse einspart und nur in Verbindung mit ch oder sch verwendet. CH existiert als kehliger Laut und ersetzt das G. So wird aus einem Vogel ein Fochl. Das CH als Ich-Laut wird immer zum sch. Das CH reibt sich: aus rauchen wird roochn, sprich roorchrn. Und in der Nasenwurzel verändert sich das Kn zu Gn. Am Anfang von Wörtern wird CH oft zu SCH, also aus China Schiena. Allerdings zeigt sich auch beim CH, dass der Sachse keinesfalls festgelegt ist, denn zum Chiemsee sagt er nicht Schiemsee, sondern Kiemsee und Chemnitz spricht sich Kemnitz.

Das **D** ist weech wie nä Drahndude. D ersetzt T, DD das TT, DS und DZ das TZ und Z. Bleibm Se offn Däbbsch, bleiben Sie auf dem Teppich. Natürlich sind Missverständnisse programmiert, denn wenn der Sachse Bodn sagt, meint er Boten, der Sachse duscht auch nicht mit Tusche, auch wenn er Dusche sagt.

Das **E** ist dem Ä sehr nahe, so wird aus dem Leben das Lähm. Und hier erkennen wir den Unterschied zwischen Leipzig und Dresden. Der Dresdner kann sich nicht leipzigern, aber der Leipziger dräsdn. Außerdem bleibt das E gern allein, es mag den Zusammenhang mit i, also ei, nicht. In Sachsen geht man nicht zum Fleischer, sondern zum Fleescher, ein Kleid heeßt Dleed. Zwei wird zwee, weich weech. Eiforbibsch noch ä ma. Und noch etwas: Bei den Vorsilben ver- und zer- wird das E zum O, also aus verlieren forlieren oder aus zertreten zorlatschn. Und wie längst bemerkt sein dürfte, wird das E als Endsilbe eefach weggelassn, oder es wird am Ende aus dem e

ein o, Beispiel: unter, sprich undor.

Das **F** bleibt F, ersetzt als Forsilbe der Einfachheit halber das V, das sich der Sachse spart, um nicht ständig vor- und for- zu forwechsln.

Das **G** ist vielfältig einsetzbar, denn es dient als G, ersetzt zumeist das K und außerdem das X und Q, welche das sächsische Alphabet ignoriert. So wird zum Beispiel der Quark zum Gwark und aus einer Xenonlampe eine Gsenonbirne und aus einer Xanthippe eine Gsandibbe, aber ihr Charakter ändert sich nicht. Im Sächsischen wird zudem aus G ein CH, in einigen Regionen ein J. Die Silbe -ig wird im Sächsischen am Ende einer Wortes oder einer Silbe zu -isch, der lustige König also zum lusdschn Geenisch, der in Sachsen noch immer lebändsch is.

Das **H** hilft immer, um alles zu dehnen, was dehnbar ist. Sachsen dehnen gern mal eine Erklärung aus und nutzen dafür Duhworte. Denn schon im Duden steht, dass duhn ä Duhword is. Man kann was Gutes oder schönduhn. Duhn oder nischt duhn, das war doch schon immer die Frage.

Das **I** ist i, das I oder IE ersetzt das Ü. So wird verrückt zu forriggd und rüber zu nieber (der Überzieher zum leborziehor). Das I kann aber auch ersetzt werden durch ein E, die Stirn wird so zur Sterne. Manchmal ersetzt auch ein Ä das I, deshalb reimt sich nur in Sachsen Kirche auf Gedränge, so ä großes Gewärsche in dorr Gärche.

Das **J** wird gespart und meistens zum CH oder SCH, so wird aus Junge dorr Dschunge oder Johanna zu Dschohanna.

Das **K** gibt's ni, nur für jene, die in Dresden feines Residenzsächsisch oder in Leipzig Gewandhaussächsisch pfleken. So wird im alltäglichen Sprachgebrauch aus der Kunst die Gunst, aus einem Kabel eine Gabel, aus Karten ein Garten, aus Klamotten dä Glädahsche, aus Kartoffelpuffern werden Glitschor, ein Keil wird geil. Außerdem wandelt sich das K, folgt ihm ein L, also Kl, bei großer Erregung in Dl um, genau wie sich Kn sächsisch Dn spricht. So wird aus einem kleinen Knaller ä dleenr Dnallr.

Das **L** bleibt L wie bei labsch, labern, lawede, lunschn oder Luladsch.

Das **M** bleibt M wie bei mährn, Mäfdl, mäschugge oder Mooler und hilft immer, vor allem wenn man mal nicht weiterweiß: Mmmmm.

Das **N** ist ein unverzichtbarer, sehr standhafter und zugleich flexibler Buchstabe, der andere Wörter unverhofft bestückt, obwohl er dort nichts zu suchen hat. Zum Beispiel gelangt er in Farben wie bei einem rosanen Hemd oder einer lilanen Bluse. Gelegentlich tauscht er sich auch mit einem L wie bei einem Knüppel, der dann Klüppel heißt oder das Lutschen spricht sich plötzlich Nutschen. Besonders extrem gerät das N in Fremdwörter wie beispielsweise dividieren, was zu diffendieren werden kann oder profitieren, was als profentieren gesprochen wird. So kann auch die Positur zur Posentur werden oder das Deputat zum Dependat. Genau so wir es plötzlich auftaucht, verschwindet das N im Auslaut. Mein, dein oder sein verwandeln sich ausgesprochen schön zu mei, dei oder sei. Ebenso verdrückt sich das N aus der Mitte von Wörtern wie beispielsweise bei lamentieren, was zu lametiern wird oder aus dem N wird ein M wie bei Hanf, der sich Hampf spricht oder es gibt Sempf, fimfe oder einen Hämpfling. Und das N dient als Abkürzung für den, denn, einen ihm, ihnen. Schließlich heißt es Was hastn statt Was hast Du denn oder Was sachm´r ´n ´en statt Was sagen wir ihm?

Das **O** kann allein nicht, es braucht das U als Halt, bestens zu hören im Stadion von Dynamou. Oben wird oubn und so sou. Es werden auch Wörter möglich, die sonst unmöglich sind, wie beispielsweise iwou, klingt finnisch, ist aber sächsisch und heißt keinesfalls. Außerdem kann der Sachse sou Mädchennamen besonders ausdrucksstark sprechen: Mounika oder Ilouna fühlen sich besonders benannt. Der Sachse rundet oft das Ö zu wenig, deshalb werden aus Vögeln Fechl.

Das **P** gibds ni. Deshalb ist in Sachsen beispielsweise ein Gebäggstigg kein Gepäckstück, sondern ein Keks. Bäcksteädsch (Backstage) ist die Backstube. Das Pf wird im Anlaut als F gesprochen, also Flaume statt Pflaume, Ferd statt Pferd, Feife statt Pfeife. Im Auslaut hingegen wird das pf zu bb, also Gobb statt Kopf, Nabb statt Napf, Dobb statt Topf oder Zobb statt Zopf. Versucht der Sachse allerdings, sich besonders hochwohl zu artikulieren, kann er sich forquatschn, und er erzählt von einem Ferd, das pfaul war. Im Mittellaut mutiert das pf zu bb, die Tropfen werden zu Drobbn und am liebsten trinken wir alle zusammen einen Schobbn.

Das **Q** gibds ni, es wird ersetzt durch GUH oder GW oder GV, wir reden also nicht von einem Quarkfrosch, sondern einem Gwaorgfrousch.

Das **R** gibds, es rutscht aber immer dann die Zunge runter, wenn ein Konsonant folgt: ein Kerl kann so ganz schnell zum Gal werden oder ein guter Korn zum Gon. Die Endungen -er und -ert sind machmal kaum noch hörbar. Wenn eine Kristallkugel blinkert, heißt es: Dä Grisdallguchl blinggot.

Das **S** bleibt S, wobei in einigen Gegenden das SP zu SCHB wird, der Kasper zum Gaschbor, oder STZ wird zu SCHD, ein Kasten zum Kaschdn.

Das **T** gibt's meistens ni, deshalb heißt es nicht: Wenn die Trompete trompetet, sondern wenn dä Däde däden däde. Es kommt zur Verwirrung, zur doppelten Bedeutung, dem provozierten Missverständnis. So wird beim Sächsln aus der Treue plötzlich eine Zahl, dä Dreie.

Das **U** wir zu UO oder O oder OH, Ü wird ersetzt durch I oder IE, der Bürokrat also zum Bierougrahdn. Der Sachse fragt seine deutsche Freundin, sitzend auf einer Bank: Woll morr gissn? Er wundert sich, denn sie steht auf und holt Kissen, dabei wollte er sie nur küssen (siehe auch I).

Das **V** gibds ni, das **W** ist ä W, aber ooch ä B. **X** gibds ni, sondern wird GS, **Y** wird durch I ersetzt und das **Z** meisten durch DS, Rotz wird also Rods.

Dem Sachsen reichen **A B CH D F G H I L M N O U R S**. *„So schwähr is das gar ni, dä Leide zu forstehn, man muss dem Folche nur ma offs Maul guggn un zuhörn"*, sagt meine Nachbarin. Und dann könnte man sie auch gut verstehen. Für Kinder würde es außerdem demnächst „Sächsisch für Dich" in der Schule geben. Manchmal hatte meine Nachbarin richtig gute Ideen. Danke!

Ä Gibbdisch bärschdeld sich off

Der Sachse ist der Einzige, der auch zu Hause Heimweh hat. Doch wenn er mal verreist, bringt er schöne Wörter mit.

Sie lief direkt an meinem Fenster vorbei und schaute herein. Ich erschrak. Fast hätte ich meine Nachbarin nicht erkannt. Sie sah aus wie durch den Kakao gezogen. Ich öffnete mein Fenster, um sie zu begrüßen. Sie sagte: *„Na, da staun Se, hä!?"* Ja, ich staunte, so braun hatte ich die Dame mitten im Winter noch nie gesehen. Ich fragte: „Wo waren Sie denn?" Sie sagte: *„Dort, wo's ä Gibbdisch gibd."*

Ich schaute meine Nachbarin fragend an. Sie sagte: *„Sie sin aber heide schwer von Begriff, mei Guder. Ein' Kipptisch oder ägyptisch formehrd dorr Saggse dobbldeudsch zu ä Gibbdisch."* Ich rang mir ein Lächeln ab. Der Witz hatte einen Bart so alt wie der Pharao. Ich fragte: *„Wie war es denn in Ägypten?"* Sie: *„'s is ganz andersch bei Kandersch. Da sin dä Russen einmarschiert."* Ich erschrak erneut. Dass es sprichwörtlich anders sein soll, als bei Kandersch, also als man es sich vorstellt, konnte ich mir vorstellen, aber dass Ägypten von den Russen besetzt sein sollte, musste schlichtweg ein Irrtum sein.

Sie sprach weiter: *„Ich red ja ni gerne über fremde Leide, aber wenn de dorde nundormachst, da muss de schon zum Bräckfest Borschdsch fressn. Am Büwee kee deutsches Wort, nur kürillsche Buchstabn und russisch Brot."* Jetzt erkannte ich meine Nachbarin wieder, sie rebellierte gegen das Hotel-Frühstück. Sie sagte: *„Als Saggse has de da abgefriehstiggd, so wie die Puddiens sich offbärschdeln, wenn Se forstehn, was ich meene."*

Ich hörte von ihr keinen Laut mehr von deutsch-sowjetischer Freundschaft, dabei gestand sie mir erst kürzlich, dass sie früher als Kassiererin bei der DSF systemrelevant gewesen sei. Jetzt sprach sie nur noch davon, wie sich die Putins offbärschdeln. Allerdings war das sächsische Wort gut gewählt, denn es passte bestens zu der Kremlgestik des Potenzburatinos.

Wer sich offbärschdeld, der plustert sich auf, macht sich wichtig, der gibt an. Ein Bärschel ist demnach nicht nur eine Bürste, sondern vor allem ein Angeber. Putin müsste das Wort kennen, nicht nur weil er einst in Sachsen schnüffelte, sondern weil das Wort bärscheln oder bärschen als slawisches Lehnwort ins Sächsische überging. Ursprünglich kommt es vom Niedersorbischen persys, was übersetzt prahlen heißt.

Die Vokabel erinnert zugleich an das Wort Person, das auf das Mittelhochdeutsche persone, entlehnt aus dem Lateinischen persona, zurückgeht. Dabei handelt es sich um den Charakter, die Rolle, aber eigentlich bedeutet es die Maske. Bärscheln geht ebenso eine Beziehung mit dem Wort barsch ein, vermutlich wie der Fischname Barsch, der seine Borsten, seine Stacheln ausfährt,

wenn es ihm an den Kragen geht, und deshalb als widerborstig gilt. Vielleicht hat der russische Kandidat beim Angeln schon mal davon gehört. Jetzt verstand ich, was meine Nachbarin meinte. Wie die Puddiens sich offbärschdeln heißt frei übersetzt: Sie benehmen sich wie Putin, die prahlende, borstige Maske.

Meine Nachbarin fragte: *„Is das ni ä bissl weit hergeholt?"* Ich sagte: „Natürlich, schließlich waren Sie ja in Ägypten." Als ich mein Fenster schloss, fragte ich noch: „Und, wo geht es im Sommer hin?" Sie sagte: *„Ich gloob, da bleib ich daheeme. Ich hatte da undn so ä Heimweh, das gloobn Se ni."*

Sie musste mir nichts erzählen, denn ich weiß, dass die Sachsen der einzige Volksstamm sind, der auch zu Hause Heimweh hat. Jedoch unterscheiden sie sich bei diesem Gefühl gar nicht so sehr von den Russen oder den Ägyptern. Meine Nachbarin sagte: *„Ja, ja daheeme isses off dor ganzen Welt doch am scheensten."*

Wenns Dächdl mäschdl

Sachsen lieben die Liebelei. Dabei nehmen sie sogar den Tod in Kauf, aber vor allem benutzen sie schöne Wörter.

Sie war weg. Spurlos verschwunden. Die Polizei klopfte an meine Tür, einer fragte mich: *„Ihre Nachbarin is in dä Rabusche gekomm, warn Se dabei?"* Ich schüttelte den Kopf. Dann fragte der Uniformmann: *„Gönn Se sich indändi..., infi..., inha..., desin-*

fi... wer sin Se?" Ich sagte meinen Namen und fragte: „Wo ist sie?" Der Uniformmann sagte: *„Die Frachn stelln mir. Die hadd dä Hufe hochgemacht."* Der Polizist ging, reichte mir noch eine Zeitungsseite. Ich las eine Todesanzeige mit dem Namen meiner Nachbarin.

Kaum dass ich begriff, was geschehen sein sollte, klopfte es erneut. Ich öffnete. Meine Nachbarin stand vor der Tür, stürmte in meine Wohnung. Ich war sprachlos. Sie sagte: *„Sachn Se nischt, sachn Se bloß nischt, forsteggn Se mich. Ich hab mich für dod erklärd. Ich brauch äma Ruhe für ä rischdsches Dächdlmäschdl."* Sie wählte den letzten Ausweg für ein bisschen Frieden und sagte: *„Ich mach mich dinne für ä Dädadä."*

Ich wollte sofort den Uniformmann anrufen, um zu erklären, dass die Nachbarin lebe, aber sie riss mir den Hörer aus der Hand. Sie wolle endlich ihre Ruhe. Sie sehne sich nach einem Stelldichein, Flirt, Schäferstündchen, einer Tändelei, Liaison, Liebelei, Liebschaft oder eben klar und deutlich auf Sächsisch: einem Dächdlmäschdl.

Sprachforscher behaupten, das sei keine echte sächsische Vokabel, sondern nur von den Österreichern geliehen. Die sprechen das Wort als Dechdlmechdl, übernahmen es aber angeblich auch nur von den Italienern, die teco meco sagen, was so viel heißen soll wie: ich mit dir, du mit mir. Die Übersetzung klingt genau so, wie es sein soll. Die Herkunft des Wortes aber ist bis heute unklar.

Der Sachse führt es zurück auf den pubertären Fortschritt der eigenen Tochter, die langsam flügge wird: Wenns Dächdl mäschdl. Wenn das Töchterchen möchte, sind Eltern überfordert, greifen zu neuen Unter-der-Gürtellinie-Ratgebern oder erinnern sich an ihre junge Welt und die Sexual-Aufklärungsrubrik „Unter vier Augen" von Jutta Resch-Treuwerth. Doch nichts hilft, wenn Töchter möchten.

Meine Nachbarin indes befand sich in der Phase der sich wendenden Pubertät. Sie vollzog einen inneren Klimawandel. Ihr Mann sagte dazu: „Schicht im Schacht." Aber der war jetzt nicht gefragt. Denn die Nachbarin wollte sich weder mit ihm noch

mit ihrem Zustand abfinden, sondern in voller Torschlusspanik unbedingt noch ein Abenteuer erleben. *„Ich brauch jäddze ä Dädadä!"*, rief sie. Töchter sagen dazu heutzutage: *„Ich will ä Date."*
Tatsächlich besteht zwischen den Wörtern ein gefühlsmäßiger und sprachlicher Zusammenhang. Dädadä ist die sächsische Kurzform des französischen Tête-à-tête, was direkt übersetzt Kopf an Kopf heißt. Nicht zu verwechseln mit dem Kopf-an-Kopf-Rennen des alltäglichen Beziehungsstresses. Date ist die englische Schnellvariante des französischen Tête-à-tête, wo man sich wie beim Dächdlmäschdl etwas mehr Zeit nehmen darf.
Meine Nachbarin erklärte sich für tot, um sich dem Alltag zu entziehen und sich frisch zu verlieben. Sie erzählte mir, dass sie sich dem Messer eines Schönheitschirurgen ausliefern und sich mit neuer Identität ausstatten wolle, um dann auf einem Kreuzfahrtschiff den Mann ihres Lebens kennenzulernen. Aber alles spreche gegen sie: Brüste werden mit Fensterkitt statt Silikon gefüllt, Schiffe gehen unter, und Kapitäne tauchen einfach ab.
Ich schlug ihr vor, in die Realität zurückzukehren, und sagte: „Das Leben ist keine Seifenoper." Bei so viel Altersweisheit guckte meine Nachbarin mich ganz verdutzt an und ging nach Hause.

Morr muss das Lähm Nähm

Sachsen zuscheln so lange, bis es ihnen reicht. Denn es gibt zu viel Unkraut, das sich unbemerkt breitmacht.

Am ersten Advent stand ich in meinem Garten und goss Sträucher und Bäume. Sie wären sonst verdurstet. Noch nie stand ich vier Wochen vor Weihnachten mit dem Gartenschlauch vor meinen Rabatten und zutschte mit der Pumpe das letzte Wasser aus der Zisterne. Aber das Klima ändert sich in Sachsen.
Wie ich gedankenversunken alles bewässerte, kam meine Nachbarin an den Zaun und sagte: *„Ham Se ooch das Kraut in Ihrm Gardn?"* Ich wusste nicht, was sie meinte. Sie sagte: *„Es wuchert ieborall. Ich hab mich erkundschd: Das Zeusch is neingeschleppt und heeßt rechte Ambrosie. Das muss naus, bis zurr Wurzl, sonst wächst uns das übrn Gobb."* Ich wollte sie unterbrechen, aber sie redete einfach weiter: *„Dä rechte Ambrosie is ä heemdiggsches Kraut, das sieht aus wie dorr eenheemische Beifuß, is dem abor inzwischn ähnlicher als dorr Beifuß sich selbst, murgst ihn ab und blüht selbor off."* Ich hätte gern mehr dazu gewusst, aber sie hielt die Hand vor ihren Mund und sagte: *„Ni weidrerzähln, ich hab Ihn das nur ma im Vertraun gesacht, mir könn ja selbst im Gardn nur noch zuschln. Keener weeß doch, oborr ni ausgezutscht wird."*
Zuscheln gehört zu jenen sächsischen Wörtern, die auch mit geschlossenen Zähnen gesprochen werden können. Manchmal zischt man auch nur zschsch und fordert andere damit auf, leise zu sein, tonlos zu reden, höchstens zu flüstern. Man kann auch zischeln sagen. Sagen Sie es mal! Sie spüren sofort

das Unaussprechliche, das Geheimnisvolle. Die hochdeutsche Variante tuscheln klingt wesentlich harmloser, obwohl sie dasselbe meint. Es wird ganz, ganz still geredet, es schwimmen die Sätze wie Fische unterm gefrorenen Wasser. Jeder möchte gern etwas sagen, aber keiner traut sich so recht.

Zutschen dagegen kommt von auslutschen oder „noch etwas rausholen". Auszutschen verdoppelt den Vorgang. Kinder zutschen gern an Strohhalmen, was merkwürdige Geräusche verursacht. Die Zutsche ist die Pumpe, aber der Zutsch heißt, keine Umstände, kein Aufhebens machen, außerdem ist es ein veralteter Tanz, der Polka ähnlich. Der Zutsch ist auch ein Mensch, der einfach alles hinnimmt, der sich aussaugen lässt, der nichts sagt, der sich nicht wehrt.

Meine Nachbarin sagte: „Morr muss das Lähm ähm nähm, wie das Lähm ähm is, sonst nimmt morr sich ähm das Lähm." Ich sagte ihr, dass sie sich auf keinen Fall der Novemberstimmung hingeben dürfe, zumal seit Wochen die Sonne scheine. Sie möge nicht alles in sich hineinfressen, sonst sucht sie die Schuld nur bei sich, ergibt sich der Angst und das hat Folgen.

Jahrhundertelang standen die Sachsen nämlich auf Platz 1 der jährlichen Selbstmordstatistik. Die Sachsen befanden sich stets so nah am Selbstmord, dass sie die erste Selbstmordstatistik Deutschlands erfanden. Das war 1784. Seitdem machte kein Deutscher den Sachsen den ersten Mordplatz streitig. Doch im vergangenen Jahr wurden sie geschlagen: von den Bayern. Meine Nachbarin staunte und sagte: „Ach nee. Und warum bringt sich dorr Sachse ni mehr so oft um als wie bisher?" Weil er endlich sagen kann, was er denkt. „Denkste", sagte meine Nachbarin.

Sie hätte extra Experten beauftragt, damit die der rechten Ambrosie endlich an die Wurzeln gehen. „Aber die würschen immer nur an dorr Oberfläche rum. Keene Diefe. Ich frach Se, wann hats denn das schon ma gegäbn, dass es dem deutschen Äggsbärdn ni gelingt, was auszumärzn!? Sachn Se es bloß ni, es könnte eener hörn." Ich goss einfach weiter in der Hoffnung, im Frühjahr möge der Beifuß wieder aufgehen.

Naacherts, noochens, naang, noong

Sachsen tun nichts später, sondern naacherts. Und wenn alles zu spät ist, dann wird der andere angefuzt.

Das Einpacken von Geschenken zögere ich immer bis zur letzten Sekunde hinaus, weil ich dabei stets verzweifle. Es gibt für mich nichts Schlimmeres. Als ich an diesem Weihnachtsmorgen versuchte, die Sachen einzuwickeln, klingelte es an der Tür. Hurra, dachte ich noch, gut, dass mich einer stört, da brauche ich mich nicht mit den Klebestreifen und den Bändern herumzuärgern. Vielleicht binden die sich ja von selbst.

Vor der Tür stand meine Nachbarin und sagte: *„Ham Ses gesehn, es schneit!"* Tatsächlich rieselten ein paar Flocken auf den Boden, die Wiese sah wie mit Puderzucker bestreut aus. Weiße Weihnacht, wie schön, dachte ich. Meine Nachbarin sagte: *„Immor wenns schneit, muss ich dlei mei Däbbsch im Schnee ausklobbn. Bei dem Klima weeß morr ja nie. Könn Se mir ma helfen, das Ding nauszuschlebbn?"*

Ich entschuldigte mich damit, dass ich keine Zeit hätte, weil ich dringend Geschenke einpacken müsste. Zudem wollte ich wissen, warum ihr bei dieser wichtigen Arbeit am Morgen des Heiligen Abends ihr Mann nicht helfen würde. Sie sagte: *„Der hat mich so angefuzt, da habsch zurückgefuzt, der kommt bestimmt erscht naacherts wiedor."* Mir schwante etwas. Denn eigentlich wusste ich, dass das sächsische Adverb naacherts genau den Zeitraum beschreibt, wann jemand gewillt ist zurückzukehren: nämlich später, dann oder ganz exakt gesagt danach.

So aber spürte ich einen Hauch von weihnachtlicher Nächstenliebe und ging mit. Vielleicht verstand ich ihre Zeitangabe auch nicht richtig, denn naacherts wird sehr differenziert formuliert. Es kommt von nachher, spricht sich aber sächsisch nie so, sondern naher, noocherts, noochernsd, naart, noorts, nachhin, naachens, noochens, naang, noong oder eben naacherts.

In der Wohnung der Nachbarin angekommen, sah ich den Perser auf dem Boden liegen. Sie sagte: *„Mir müssn nur noch das Büwee nieborschiebn, und dann rolln mir den Däbbsch zamm."* Eine Eigenart des Sächsischen kann nicht unter den Teppich gekehrt werden. Die Mundart differenziert in der Aussprache klar zwischen dem Möbel und der Häppchenversorgung. So wird die französische Anrichte zum Büwee und das kalte Büfett zum Buffet. Das Nachbarinnen-Büwee stand voll mit Engeln, Nussknackern und Räuchermännern, die ich herunternahm, um dann den Schranktisch hochzuheben, damit die Frau des Hauses den Teppich darunter hervorziehen und wir ihn zusammenrollen konnten. Ich hatte noch einen Tisch und einen Sessel in ein anderes Zimmer zu tragen, um zu verhindern, dass die in der Teppichwurst landeten. Als ich die Frage stellte, ob das mit dem Ausklopfen denn vor der Bescherung wirklich sein müsse, plärrte, also schrie sie: *„Fuzn Se mich ni ooch noch an!"* Fuzen oder pfuzen erklärt von selbst, was hier geschieht. Der Mensch, egal ob Ehemann oder -frau, faucht wie eine Katze. Da das Sächsische gern den Vorgang des Beschimpfens verstärkt, reicht ihm das Fuzen nicht, sondern der andere wird angefuzt, also laut angefahren. Während ich mich noch wunderte, warum ich mich beschimpfen ließ, obwohl ich ihr doch half, kehrte ihr Mann zurück. Die Naachertszeit war wohl rum.

Er hielt eine Zeitschrift in der Hand, ging auf seine Frau zu und las: *„Im neun Jahr komm große Veränderungn off uns zu, dorr rebellsche Uranus im Widder dreht durch und stiftet mit Pluto Unruhe, während dorr Schiggsalsblanet Sadurn von der Waache indn Sgorbion wechselt und uns ausm Gleichgewicht bringt."* Ich schlich mich davon und wusste plötzlich, dass es gar nicht schlimm ist, jetzt oder naacherts für seine Lieben ein paar Geschenke einpacken zu dürfen.

Die Affensteine der Uhus

Die Sächsische Schweiz liefert den Beweis: Nicht alles, was im Sächsischen zu sehen ist, heißt auch so.

Ich lief auf die Affensteine zu, genoss die Ruhe, die Luft war rein. Da plötzlich hörte ich diesen Laut: Ujhhuuu! Ich nahm mir fest vor, nicht zu reagieren. Juuuhhuuuuuuj! Ich lief weiter. Jhuuuhuujuuu! Der Ruf kam immer näher wie ein Düsenjet, der auf den Kopf zuhält. Ujujuuhjhhuujuuuuu! Jetzt saß der Laut in meinem Gehörgang, ich näherte mich einem Hörsturz, meine Nachbarin düste in einem Affenzahn auf mich zu. *„Nee, ich wär forriggd, dass ich Sie hier treffen duh."* Ich wollte weiter. *„Sie benähm sich aber affsch"*, sagte meine Nachbarin. *„Is ja ooch kee Wunder, mir sin ja hier an Affnsteen."*
Ich reagierte aus einem Affekt heraus: „Ja, weil Sie hier ein einziges Affentheater veranstalten, Sie Wandereule!" Genau in dem Augenblick fiel mir ein, dass mich meine Nachbarin zum sprachlichen Ursprung der sächsischen Felsnamen geführt hatte. Tatsächlich gehört der Name des Sandsteinmassivs nicht zum Affen, sondern zur größten Eule, dem Uhu. Die mundartliche Bezeichnung des Bubos stammt von seinem guten Ruf ab. Allerdings bezeichneten die Sachsen den Vogel früher auch als Auf. Und da in den Steinen viele Uhus lebten, zu denen man aufschaute, hießen sie Aufensteine. Später verflachte sich der Sprachgebrauch zu den mundartlichen Affensteinen.
Als ich das meiner Nachbarin erklärte, erklärte die mich für verrückt. *„Es gibt gar keene Affenadler in dorr Säggs'schn Schweiz, nur immer mehr Affen. Guggn Se ma in Spieschl."* Außerdem hieße der Zirkelstein ja auch Zirkelstein, weil er aussieht wie

ein Zirkel und nicht wie ein Ährenkranz mit Hammer. Ja, sie hatte recht, aber nicht alles, was im Sächsischen zu sehen ist, heißt auch so. Meine Nachbarin forderte Beweise.

Im Schießgrund wurde nie geschossen, sondern die ersten Besucher nannten ihn scheußlich, weil er tief und undurchdringlich wirkte. Er war einst der Scheußgrundt. Der Hutberg hat keinen Hut auf, sondern der Name stammt vom mittelhochdeutschen Wort huote ab, was für bewachen steht, eigentlich ist es ein Wachberg. Der Gamrig gammelt nicht vor sich hin, sondern seine Bezeichnung stammt vom alten slawischen Wort kamen ab, was mit Stein übersetzt wird.

Meine Nachbarin schaute mich an und sagte: *„Sie machen sich zum Affn. Komm etwa die Schrammen am Schrammstein nicht vom Schramm?"* Ja, da landete sie einen Treffer. Der Name der Schrammsteine kommt tatsächlich von der häufigsten Verletzungsart im Elbsandsteingebirge, genau wie der Hockstein seinen Namen vom Dahinter-oder-davor-Hocken hat und die Rauensteine davon, dass die Felsen so rau sind. Beim Zschirnstein ist der Ursprung ebenfalls zu hören. Czerna heißt im Slawischen schwarz, so sieht der von Ferne auch aus. Er gehörte einst den Böhmen, die ihm seinen Namen gaben.

Jetzt wollte meine Nachbarin es ganz genau wissen. *„Wenn Se mir hier schon nä Bergpredischt haldn, dann will ich jäddze ooch wissen, woher der Zschand kommt. Der kommt bestimmt ooch von dä Tzschechn!?"* Der Name kommt nicht aus dem Slawischen, sondern vom mittelhochdeutschen Wort zannen oder zschen und heißt gespalten, klaffend. Das trifft auch auf den Zahngrund zu. *„Und door Beuthenfall kommt vom Beutlsaggsn, weil der dort immer durchlatscht oder was",* fragte meine Nachbarin. Beuten hießen früher die Bienenstöcke, die die Bauern oberhalb des Falls abstellten. *„Und wer die geklaut hat, hat ä Beutezuch gemacht. Hab ich recht?"* Ich sah keinen Grund, ihr zu widersprechen, sondern meinte nur, dass die Honigkörbe so kunstvoll angeordnet waren, dass es sich um einen Fall von Beutekunst handelte. *„Juuhuuuu",* schrie meine Nachbarin und umarmte mich. Eine echte Affenliebe.

Basd dorr Basdorr oder basd dorr Basdorr ni

Sachsen ist das Mutterland des Protestantismus. Da kann die Ankunft eines Pastors für Verwirrung sorgen. Auch sprachlich.

Die einen gehen in die Kirche, andere zum Friseur. Man setzt sich, lässt sich mal gründlich den Kopf waschen und redet über Dinge, die sonst keiner hören will. Es dudelt Musik,

es klingelt die Kasse, und am Ende geht man erleichtert nach Hause.

Als ich jedoch gestern früh den Hairstylisten meines Vertrauens besuchte, entkam ich nur um Haaresbreite einer Katastrophe. Meine Nachbarin begrüßte mich und sagte: *„Grüß Gott, jäddze gannsch Ihn ma rischdsch dä Loden stutzen. Das geht ratzifatzi! Kurz oder lang?"*

Um Himmels willen, wollte ich sagen, denn über kurz oder lang sah ich sie nur die Hecke in ihrem Kleingarten schneiden.

Ich versuchte, mich der Kopfwäsche zu entziehen, aber sie drückte mich eilig auf den Stuhl. Ihren Kunden zuliebe gab sie den Stühlen Namen, meinen nannte sie Petri. Sie legte mir einen weißen Umhang um den Hals und auf die Schultern ein gummiertes Bleigewicht, dann bog sie mich nach vorn, und es ergoss sich ein Schwall Wasser auf meinen Schädel. Ein schaumiger Brei lief meinen Nacken hinunter. Ein Teil davon kroch mein Kreuz entlang wie eine parfümierte Laus.

„Laus Deo habsch endlich ä Job, der mich unterhält", sagte meine Nachbarin. *„Mei Fador war übrigens ooch Haarschneider, und was Vaddi kann, kann Muddiä ooch."*

Mir wurde blitzartig klar, dass sie wie ein Friseur auf mich losging und glaubte, ihre Kunden mit Botschaften unterhalten zu müssen. Aber wer bitte war Laus Deo? Sie erklärte es mir haargenau: *„Hamm Se dänne in letzdn Daachn dä Löffl ni gespitzt, Laus Deo heeßt: Gott Lob."* Sie erschien mir in diesem Augenblick päpstlicher als der Papst. Sie redete haarsträubend weiter: *„Mir hamm in Ort ä neun Basdorr, aber keener weeß genau, basd dorr Basdorr oder basd dorr Basdorr ni."*

Heiliger Strohsack, dachte ich, die Haarabschneiderin will wissen, ob der Pastor passt oder ob der Pastor nicht passt. Das war ihre Frage. „Wir befinden uns im Mutterland des Protestantismus, da entscheidet jeder selbst, was ihm passt und was nicht", sagte ich. *„Ich säh off Ihrn Dähz Auswüchse"*, sagte sie plötzlich haarfein.

Da waren wir wieder bei meinen Loden. Das Wort entspringt der althochdeutschen Form liotan, was so viel wie zum Licht

wachsen bedeutete. Egal ob Zweige, Glaube oder Haare, alles will sich ausbreiten.

Der Lodenmantel wiederum bezeichnete schon im 10. Jahrhundert gewalkte Loden, also im übertragenen Sinne zusammengeflochtene Haare, Wolle, die groben Stoff ergaben. Im Sächsischen hielt sich das Wort Loden für ungepflegtes Haar bis heute.

„Mir müssn den Wildwuchs beseitschn, hier darf nischt lodern", sagte meine Nachbarin und begann, mit der Schere meine Loden zu kürzen. Lodern hieß einst im sächsischen Sprachraum üppig wachsen. Wenn heute etwas lodert, dann brennt es, es entflammt etwas. Das Feuer lodert, es wächst zum Himmel. Meine Nachbarin föhnte mein Haar, bis mir ganz heiß wurde. Dann sagte sie haarklein: *„Dorr Basdorr wär was für mich. Aber leider hadd der schon zwee kleene Jungs."*

Sie gab mir zuletzt eine Haarölung. Im Spiegel sah ich einen fremden Mann. Ich war das Opfer ihrer Beschneidung. „Das passt überhaupt nicht zu mir", sagte ich. Sie sagte etwas haarig: *„Da wächst Haar driebr. Sie müssn eefach dran gloobn, dass alles wieder gudd wird. Dorr Basdorr gloobd das ooch."*

Im Grunde hatte ich von dem Besuch in dem Friseurladen nicht mehr erwartet; trat aus, ging über den Markt zur Kirche, um mich zu erleichtern.

Katerstimmung mit Baldower

Die Sachsen nutzen die Sprache der Gauner, um etwas zu erfahren. Selbst mit Westerwelle geht das.

Katzen sind mir egal. Allerdings kam gestern meine Nachbarin fähnsnd auf mich zu und sagte: „*Westerwelle is weg. Die ham den bestimmt entführt. Mir müssen sofort ausbaldowern, wo der is.*"

Herr Westerwelle war die Außenkatze meiner Nachbarin. Jedenfalls nannte sie ihren Schmusekater so, weil sein Fell schwarz-gelb glänzte, er treu aus seinen Augen schaute, meistens draußen rumstromerte, stets unterwegs in den Konfliktgebieten ihrer Kleingartensparte „Weltfrieden". Außerdem steckte er ständig in Revierkämpfen um Mäuse, Freiheit und Futter. Vor allem sein Futterneid trieb ihn in Regionen, die andere Tiere instinktiv mieden. Dass er eines Tages in Schwierigkeiten geraten würde, war abzusehen. Doch was kümmerte mich das. Westerwelle war weder mein Außenminister noch mein Kater. Er war mir egal. Aber meine Nachbarin sagte: *„Das sin keene Gingerlitzchen, hier geht´s ums Überleben."*

Es war mir immer noch egal. Was mich allerdings an dem Fall aufmerken ließ, war die Wortwahl meiner Nachbarin. Ihr sächsisches ausbaldowern klang geheimnisvoll. Tatsächlich übernahmen die Sachsen das Verb im 19. Jahrhundert aus dem Rotwelsch, der Sprache der Gauner, in ihren alltäglichen Sprachgebrauch. Es bedeutet zuerst auskundschaften, ausforschen, erkunden, man kann aber auch etwas ausbaldowern, sich ausdenken. Manch einer nutzt ausbaldowern außerdem, wenn er sagen will, dass jemand etwas verraten hat.

Das Wort ist jiddischen Ursprungs: Bal, der Herr, und dowor, die Sache, gleichbedeutend hebräisch ba'al und dawar, Ba'al-dawar, kurz Baldower. Der ist der Herr einer Sache, der Auskundschafter, der Herr der Erkundigung, ein Euphemismus für den Teufel. Der Fall begann mich zu interessieren, denn zu dem teuflischen Wort Baldower gesellten sich noch die Gingerlitzchen, die im Sächsischen gern und häufig zur Sprache kommen.

Hier fällt zuerst auf, dass die Gingerlitzchen nicht in der Einzahl vorkommen und dass das -chen am Ende das Wort niedlich formt. Es muss sich folglich um Kleinigkeiten handeln. So verwendet der Sachse das Wort heute, und so verstand ich meine Nachbarin auch. Denn das Verschwinden von Westerwelle war für sie nicht mal irgendeine Kleinigkeit, sonst hätte sie mir nicht beide Ohren vollgefähnst.

Der genaue Ursprung des Wortes verbleibt jedoch im etymologischen Nirvana. Es lässt sich nur vermuten, dass die Gingerlitzchen als Kinkerlitzchen ursprünglich niedlichen Modeschmuck, Flitter und Tand beschrieben. Denn die Litze stammt vom Lateinischen licium ab, einem umschlungenen Kettfaden, einem gewebten Band.

Allerdings führten meine Erkundigungen über die Wörter nicht dazu, dass Westerwelle wieder erschien. Er schien vielmehr tatsächlich verschwunden zu sein. Meine Nachbarin lief durch die Kleingartensparte und rief immer wieder: „*Westerwelle, komm zur Muddiä.*" Ihre Rufe versetzten mich in Katerstimmung. Ich ertrug das nicht länger und baldowerte durch die Straßen, bis ich etwas Unglaubliches entdeckte.

Westerwelle war es offensichtlich zu heiß geworden, er hatte sich verkrochen und hockte in der nächstbesten Kirche unter einer Bank. Ich wünschte Gottes Segen, nahm den Kater und brachte ihn meiner Nachbarin, die ihn glücklich umarmte und ihm Leberpastete mit Geflügel reichte. Er schnurrte.

Während ich noch darüber nachdachte, ob meine Frau glücklich wäre und mich füttern würde, wenn ich nach Tagen verkatert nach Hause käme, sah ich Westerwelle schon wieder ausrücken.

Hartau extra

Der Sachse kehrt jetzt zur Selbstversorgung zurück. Dabei lernt er wieder, wie Früchte abgebäbelt werden.

Gestern fand ich vor meiner Wohnungstür ein Glas mit rotem Inhalt unterm Schraubverschluss. Ich hob es vorsichtig hoch, schaute auf den bunten Aufkleber. In Schreibschrift stand geschrieben: *„Hartau extra 7/2011. Guden!"*
Da ich angesichts der liebevollen Frauenhandschrift keine Gefahr witterte, ging ich mit dem Glas in meine Wohnung. Da klingelte das Telefon. Meine Nachbarin war dran und fragte: *„Na, war das leckerfetzsch?"* Ich ahnte, dass sie wissen wollte, wie mir der Inhalt unter dem Schraubverschluss mundete, aber ich hatte ja noch nicht mal gekostet. Und überhaupt, was sollte dieses Guden bedeuten?
Sie sprach weiter am Telefon: *„Also, ich hab da in Hartau ä Gardn, und da habsch das ganze Wochenende Johannisbärn abgebäbelt und Brommbärn."* Ich wollte antworten, dass ich lieber Pombären statt Brombeeren mag, aber dann weckte doch das schöne sächsische Wort abbäbeln mein Interesse. Es steht in keinem Wörterbuch, und wer im Internet sucht, wird gefragt, ob er nicht eigentlich absäbeln meint. Aber nein, es geht ums Abbäbeln.
Meine Nachbarin erklärte wortreich, dass es sich hierbei um die kurze Beschreibung einer langwierigen Arbeit handelt, bei der mit den Fingern kleine Früchte von noch kleineren Stielen abgezubblt werden. *„Mit dorr Zeit läppert sich da was zusamm"*, sagte sie. In anderen Gegenden wird mit Fruchtkämmen Strauch für Strauch im Akkord abgeerntet. Aber das entspricht nicht der Mentalität des Sachsen.

Er nimmt in aller Ruhe ein Früchtchen nach dem andern ab, um nach und nach größere Mengen zu bilden. Diese Tätigkeit ist allerdings hauptsächlich Frauen vorbehalten, weil Männer mit ihren Riesendatschn alles zorrgwädschn würden, sagte meine Nachbarin. *„Die Drambl zorrubbn das ganze Zeich, und dann gibt's als Gombodd nur Mus."*

Ich stimmte ihr zu, denn beim Abbäbeln handelt es sich um ein Geduldsspiel der Nahrungssuche. In solchen Fällen folge ich der Strategie: Fünf Minuten Dummstellen erspart eine Stunde Arbeit, eine Stunde Dummstellen einen ganzen Arbeitstag. Männer gehen lieber jagen. Ein Ziel, ein Schuss, ein Braten. Das ist viel effektiver als stundenlanges Abziehen von Kleinstfrüchten. Und überhaupt, wer isst denn heute noch Kompott? Das gab es früher zur Schulspeisung. Völlig überzuckerte Birnen- oder Apfelstücke ohne Ehec-Erreger. Alles zerkocht. Heute bekommt der moderne Sachse nach dem zweiten oder vierten Gang ein Dessert: Tiramisu, Parfait oder Crème brûlée. Jedenfalls wird das ständig empfohlen.

Dabei fällt mir auf, dass das Thema Ehec schon wieder völlig aus dem kulinarischen Bewusstsein geraten ist, obwohl einige Politiker erst kürzlich gefordert hatten, in den Schulen die Sprossenwände abzuschrauben, um die Kinder vor Sprossen zu bewahren. Doch dann kam die Sommerpause.

Der Ehec-Erreger befördert allerdings die Renaissance der Selbstversorgung. Nicht nur meine Nachbarin bäbelt, was die Beeren halten, sondern die ganze Nachbarschaft. Es gibt inzwischen Tauschbörsen für selbst gemachte Marmeladen. Echt süß. *„War alles schon ma da, war alles da"*, sagte meine Nachbarin und erinnerte daran, wie vor der modernen Dessert-Zeit Stachelbeeren veredelt wurden. Angeblich hätten Frauen mit Rasierklingen die Stacheln abgebäbelt und die Beeren dann als Weintrauben verkauft. *„Könn Se gloobn"*, sagte meine Nachbarin. *„Doch weil in dorr DDR ooch dä Rasierklingn nischt doochten, floch dorr Schwindel off."*

Na, dann: Guten Appetit oder wie viele Sachsen kurz, bündig und köstlich sagen: *„Guden!"*

Agro und igno und so

Junge Sachsen pflegen einen Slang, der abgehackt ist wie ihr SMS-Deutsch. Doch es gibt einen Trost.

Früh halb zwei klingelte es an meiner Wohnungstür. Noch vor wenigen Jahren wäre ich fit wie ein Turnschuh aufgesprungen, um meinen nächtlichen Gast zu empfangen. Neuerdings schlafe ich um diese Zeit. Ich stelle fest, dass mein Ruhebedürfnis mit zunehmendem Alter steigt. Eine durchwachte Nacht, und ich bin drei Tage unleidlich wie ein nasser Waschlappen nach dem Auswringen.

Genau so sah jene Person aus, die jetzt halb zwei vor meiner Tür stand und sagte: *„Sorry, aber meine Alte is voll agro und so, da wollt ich dich fragen, ob ich bei dir bleiben kann, ehey. Das wär echt endgeil.“* Kurzes Verharren meinerseits, denn ich befand mich plötzlich im Zwiespalt zwischen mitleidiger Hinwendung und pädagogischer Abwendung. Das Nachtschattengewächs, das da vor mir stand, war höchstens 13 Jahre, stank wie 1,3 Promille, und von seinem Gesicht tropfte Schminke, die für Lady Gaga einen Monat gereicht hätte. Das Mitleid in mir siegte, und ich fragte: „Wer bist du?“ Sie sagte: *„Ich bin die Lola und so, die Tochter von deiner Nachbarin. Normalerweise ist die voll gechillt, aber heute disst die mich nur und so, voll hardcore.“*

Ganz ruhig bleiben, dachte ich, überlegte, ob ich künftig nachts doch wieder wach bleiben sollte, um nicht den neuen Sachsenslang zu verpassen. Das Mädchen sprach ihn perfekt. Da ich mir jedoch nicht sicher sein konnte, in welchem Verbaltal ich mich plötzlich befand, stellte ich eine weitere Frage. „Woher kennst du mich?" Sie sagte: *„Von Facebook, da postest du doch rum. Und eine Freundin sagte mir, dass du riel bist."* Sie sagte riel, meinte vermutlich real, denn ich kann nur vermuten, dass ich kein virtueller Nachbar, sondern ganz real bin, jedenfalls übersetzte ich mir so ihr Jungwelsch.

Ich sagte: „Wir rufen jetzt deine Mutter an, ob es ihr überhaupt recht ist, wenn du hier übernachtest." Vermutlich war ich zu weit gegangen, denn sie blickte mich tränentrüb an und sagte: *„Musst du so igno sein. Mutters Lover, der Schizo, hat heute ‚ne andre gebissen, und du willst mit ihr über mich reden. Die lost grad völlig ab und so, die schickt mich ins Kloster, wenn du der jetzt erzählst, dass ich bei dir bin und so. Ich hab der gesagt, ich bin bei meiner Freundin und so."* Das und so gefiel mir überhaupt nicht. Es ließ so viel offen, es sprach Möglichkeiten an, die eine 13-Jährige in Anwesenheit eines schlafbedürftigen Erwachsenen nicht denken sollte. Ich schlug vor, sie nach Hause zu bringen.

Da tippte sie plötzlich auf ihrem Handy rum, sprach in das Telefon: *„Sag ihm, ehey, dass ich bleiben kann, sag's ihm, verdammt."* Sie reichte mir ihr mobiles Handgerät, aus dem es schrie: „Ja, sie darf bleiben." Ich fragte: „Wer ist da bitte am Apparat?" Das Handy sprach: „Sie darf und so." Ihre Mutter redet kein Und-so-Neusächsisch, das wusste ich aus nachbarschaftlichen Gesprächen. Jetzt sagte ich: „Veralbern kann ich mich alleine, ab nach Hause!" Sie: *„Voll das Gelabre, echt Hammer, du."*

Eine linguistische Innovation folgte der nächsten, ich hätte dem Mädchen stundenlang zuhören können, wenn nicht die pädagogische Seite in mir wach geworden wäre. Ich schaffte sie nach Hause, schaute, wie sie zur Haustür meiner Nachbarin hineinging, und ging dann beruhigt wieder zu Bett.

Das heißt, ich schlief. Sie postete mir am nächsten Morgen, dass sie noch, „sorry", zu einer Party gefahren sei, aber keine *„Menkenke und so"* gemacht hätte. Sie war nicht völlig verloren, sie benutzte das schöne sächsische Wort Menkenke für Unsinn. Das war ein Trost, wenn auch ein schwacher.

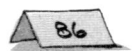
86

Sie sin wärklisch närrsch

Der Sachse mag verrückt sein. Und das mit aller Konsequenz. Doch wenn ihn einer fragt, ob das stimmt, sagt er: Escha.

Meine Nachbarin erzählte mir vor knapp sechs Wochen, dass sie seit Fastnacht auf Fleisch, Alkohol und Kaffee verzichte. Gründonnerstag traf ich sie im Hundenetto, und sie kaufte einen Kasten Bier, ein Kilo eingelegtes Fleisch, drei Packungen Würstchen und einen dieser Einweggrills. Ich fragte: *„Sie machen wo fort über Ostern?"* Sie sagte: *„Escha. Das is dorr Gamel, der mich treibt."* Da waren sie wieder, meine zwei Probleme, die Nachbarin und ihr Vokabular.

Ihrem Gamel, also ihrem Heißhunger, sollte ich besser entweichen, aber wie dieses *„Escha"* über ihre Lippen kam, das hatte einen unaussprechlichen Reiz. Ich fragte: „Sagen Sie öfter escha?" Sie sagte: *„Escha!"* Genau genommen ist escha eine zusammengesetzte Verneinung aus e und ja, also e-ja. Und die benutzt der Sachse, wenn er etwas ablehnt oder betont negiert. Hilfe bietet diese Sprachform, wenn einer den anderen nicht verletzen will, denn ein Nein kann hart sein. Ein Escha ist weich, liebenswürdig und lässt ein bisschen Hoffnung.

Meine Nachbarin sagte: *„Ich setze mich jäddze mit mei Mann ganz geflecht off dä Lodchia, mache off dem Grill die Brädel heeß und süffl ä Bierchen. Wolln Se ooch eens?"* Ich lehnte dankend ab und gab ihr zu verstehen, dass die Fastenzeit erst am Sonntag beendet sei. Sie schüttelte den Kopf. Ich ahnte, dass sie dachte, ich sei ein verdammter Streber, würde meinen Gamel mit größter Willenskraft bekämpfen, aber sie sagte: *„Sie sin wärklisch närrsch."*

Das schöne Wörtchen närrsch hatte ich lange nicht gehört, ich freute mich wie närrsch darüber. Es war für mich das schönste Ostergeschenk, denn närrsch klingt wunderbar und ist vielseitig einsetzbar. Wenn der Sachse sagt, du bist wo närrsch, dann meint er, dass einer verrückt oder irgendwie komisch ist. Und wenn sich einer wie närrsch freut, dann freut er sich wie verrückt, kann dabei allerdings reichlich komisch wirken.

Der Sachse nutzt das Wort auch, um seine Verwunderung zum Ausdruck zu bringen, zum Beispiel wenn er zu seiner Frau sagt, was er besser zu seiner Frau nicht sagen sollte: *„Du hast aber ä närrsches Kleid an."* Deutsch: Du hast aber ein komisches Kleid an. Oder: *„Die Suppe schmeckt aber närrsch."* Dann weiß der Sachse nicht so recht, ob die Suppe nun schmeckt oder nicht, aber irgendetwas stimmt mit ihr nicht. Es kann passieren, dass es einem nach dem Genuss des Lebensmittels ganz närrsch im Wanste rumgeht. Stets drückt das Wort eine negative Abweichung vom allgemeinen Normbewusstsein aus.

Ich wollte mich verabschieden, aber meine Nachbarin debste neben mir rum. Das heißt, sie stand mit ihrer ganzen Unruhe neben dem Bierkasten, wollte etwas sagen, aber traute sich nicht. Ich fragte sie, ob sie noch etwas sagen wolle. Sie sagte: *„Escha."* Aber plötzlich setzte sie ihren Einkaufskorb auf den Boden und sprach: *„Wissen Se, was ich manchma denke? Ich denke manchma, dass ich mit mei Einkomm ni auskomm un mir deshalb meine Nachkomm dummkomm."* Ich sagte: *„Das kann vorkomm. Aber dä Hauptsache is doch, dass mir irschendewie durchkomm."* Sie nickte, und ich wurde das närrsche Gefühl nicht los, dass wir uns in diesem Augenblick sehr nah waren.

Wir gingen aus dem Hundenetto raus, stellten uns vor die Tür. Sie öffnete zwei Flaschen Bier, reichte mir eine und sagte: *„Prost, Gusche, es kommt ä Wolkenbruch."* Ich zögerte, denn noch nie in meinem Leben stand ich mit einer Frau und einer Flasche Bier vor einem Supermarkt, um anzustoßen. Ich fragte: *„Finden Sie das ni bissl närrsch?"* Sie lachte und sagte: *„Escha!"*

Mutwolf ist blind

Ein Schweizer Professor liefert endlich den Beweis: Sächsisch ist Hochdeutsch. Nur die Todesthese des Forschers stimmt nicht.

„Ham Se das gehört: Sächsisch ist Hochdeutsch", sagte meine Nachbarin. „Wer hat das denn gesagt?", wollte ich wissen. *„Nu so ä Professor aus Leipzsch. Der hat gesacht: Saggsn sprechen Hochdeutsch. Na, sachn mir doch. Alle anderen babeln Dialekt, nur wir ni. Schließlich ham dä Saggsn Deutsch erfunden."* Meine Nachbarin jubelte.

Ich besorgte mir die Thesen des Professors, las und stellte fest, dass die Behauptung, die er aufstellte, mindestens seit Luther und spätestens seit Lessing bekannt ist. Nachdenklich stimmte mich nur, dass sich das offensichtlich nicht bis in die Schweiz herumgesprochen hatte. Dort nämlich kam der Professor ursprünglich her. Meine Nachbarin sagte: *„Der hätte doch hörn müssen, dass Säggssch kee Hochdeutsch, sondern Hochdeutsch forhunztes Säggssch is. So wird nämlich ä Latsch draus."* Und dann sagte sie: *„Die Hochdeutschsprecher ham forgessn, dass morr dä Wogale breed, weech und lässch über dä Libbn loofen lässt, bis alles naus is. Die ham dä Sproache forhärdet. Der Prof is bestimmt ä Maulwurf und will unsern Dialeggd undorwandern."*

Mit dem Weichgesprochenen lag sie nicht falsch. Der Sachse kann, wenn er will, seine Konsonanten notfalls zu klarer Gestalt zwingen, über die Vokale aber hat er wenig Macht. Der Versuch endet meistens ungüünstsch. Etwa so wie die Professor-These, dass es im Dreieck Dresden-Leipzig-Chemnitz seit 150 Jahren keinen eigenen Dialekt gebe, der ein geschlossenes Sprachsystem bildet mit klaren Regeln in Aussprache und Syntax. Das wissenschaftliche Kauderwelsch subtrahiert, sagt er, es gibt keinen sächsischen Dialekt mehr.

Ich schrieb dem Professor sofort einen Brief mit einer Gegenthese. Denn jeder Sachse weiß, dass sein Dialekt dialektisch ist. Er ist die Redekunst der feinen Gegensätze. Der Sachse grenzt sich ab, weil er sich unterscheiden will. Hier herrscht verbaler Pluralismus. Es existieren im sächsischen Sprachraum über 20 landschaftliche Sprachregionen. Dafür gibt es weit über eine Million Wortbelege, gesammelt von der Sächsischen Akademie der Wissenschaften zu Leipzig zwischen 1955 und 1972, im Wörterbuch der obersächsischen Mundarten veröffentlicht. Jedes Jahr schicken Sachsen zudem für den „Großen Gogelmosch, das Wörterbuch der Sachsen" 7000 Wörter ein. Die leben alle noch.

Nehmen wir zum Beispiel den Maulwurf, der blind mit dem Maul seine Haufen aufwirft und zwischen Görlitz und Plauen, Freiberg und Torgau sprachlich einen interessanten Formenreichtum bildet. Im Erzgebirge heißt er Mutwurf, in der Oberlausitz Mutwolf, aber bei Görlitz Multwurf, in der Ostlausitz und im Westen von Meißen Mondwurf, aber in der Westlausitz und im Osten von Meißen Mondwolf und weiter Richtung Riesa Mardwolf, er lebt im Ostmeißnischen aber auch als Mauerzwolf, und weiter die Elbe runter Richtung Torgau wird er zum Moll. Die Chemnitzer nennen den Maulwurf Mulbrich, die Leipziger Mutwolf, die Hallenser Mutwurm und die Dresdner Maulwurf. Und immer ist es Sächsisch.

Den Tod dieser feinen Gegensätze zu postulieren, braucht keinen Mutwolf, weil zwar in den vergangenen Jahren Sächsisch durch neue Spracheinflüsse zu verschwinden drohte, aber wir längst eine Renaissance des Dialekts erleben. Weil wir ihn nicht loswerden wollen, weil er Heimat, weil er die Gegenbewegung zur Globalisierung ist, ein Widerpart zur Gleichmacherei. Seine Todesthese untermauerte der Professor mit dem Argument, Sächsisch gibt es nicht, weil es nicht sehr beliebt sei. „*Nuguggemada*", sagte meine Nachbarin. „*Beliebt is wo ooch nur der Maulwurf, der keene Haufn offwirft. Aber buddln duht er trotzdem.*"

Grüße aus der Mogelei

Wenn ein Sachse hintergangen wird, fühlt er sich hinters Licht geführt. Aber er würde es nie Betrug nennen, sondern umgeht denselben wörtlich wie die Katze den heißen Brei.

„Mei Mann tut jeden Dach so komisch heimlisch. Wenn der telefoniert, geht der raus ausm Zimmer. Der hat sicher was ganz Schlimmes gemacht. Und wenns rauskommt, bin ich dann dä Belämmorde", sagte meine Nachbarin. Nichts Genaues wusste sie nicht, aber fühlte sich hinters Licht geführt. *„Der hat bestimmt gemogelt"*, sagte sie. Das fand ich nicht nett, aber das Wort mogeln ging mir nicht mehr aus dem Kopf. Denn der Sachse bleibt immer höflich und sagt Mogelei, weil er sich scheut, das Hintergehen Lüge zu nennen. Denn die bedarf eines Beweises. Den aber liefert keiner frei Haus. Es ist wie beim Hütchenspiel. Der Sachse ahnt, dass irgendetwas nicht stimmt, aber ist nicht mutig genug, sich aus der Spielerei herauszuhalten. Nach dem verlorenen Spiel sieht er zwar belämmord aus, aber er lässt es sich nicht anmerken.

Belämmorn beschreibt einerseits einen Zustand, ist aber zugleich ein leider längst vergessenes sächsisches Verb für betrügen, täuschen oder jemanden hereinlegen. Wem das widerfährt, der sieht dann auch so aus. Er fühlt sich wie gelähmt. Sächsisch geht den Wörtern an die Seele, denn ursprünglich kommt belämmord von lähmen und lahm. Jetzt hätte meine Nachbarin die Möglichkeit, ihren Mann, den verdächtigen Hütchenspieler, des Betrugs zu überführen, aber der verteidigt sich wortgewandt und hält die Decke über seine Machenschaft. Es könnte ja beim Lüften stinken wie Hühnchenfutter aus der Raffinerie. Der Sachse sagt aber in solchen Fällen nicht Betrug, weil er juristische Folgen fürchtet. Als Erklärung des unleidlichen Zustands erfand er das schöne Wörtchen Beschmuh.

Den Beschmuh kennt der Duden nicht, schon gar nicht mit h am Ende. Aber so lässt er sich schön lang ziehen. Den Beschmuh gibt es nur in der Einzahl, obwohl er kein Einzelfall ist. Der Sachse weiß, dass hier eine Schwindelei vorliegt. Ob sie wirklich harmlos ist, wird sich wohl nie herausstellen. Das Be- vor dem Schmuh lässt den Schwindel niedlicher wirken, ändert aber nichts an den Tatsachen. Über das Rotwelsche kam das Wort aus dem Westjiddischen ins Sächsische. Dabei stehen Schmuh und Schmus in direktem Zusammenhang. *„Erzähl ni so än Schmus"* meint nichts anderes, als dass einer nicht solchen Unsinn erzählen soll. Der Schmuser übrigens war einst der Mann, der bei einem Ladendiebstahl das Personal in ein Gespräch verwickelte, um es abzulenken. Ähnlichkeiten mit lebenden Persönlichkeiten sind an dieser Stelle ausdrücklich gewollt.

Eine weitere Steigerung, um bewusste Irreführung zu beschreiben, ist behumsen. Das Wort traut sich zwar ebenfalls nicht, den Betrug beim Namen zu nennen, nähert sich ihm aber deutlicher als der Beschmuh. Um den Ursprung des Wortes behumsen herauszufinden, muss man erneut das be- weglassen und kommt zu humsen. Das beschrieb im 17. Jahrhundert das Mausen, was damals, wenn der Schwindel aufflog, mindestens zum Verlust eines Fingers führte. Behumst werden wir heute immer noch, erkennen aber leider den Behumser nicht an seinen Händen. Er wäscht sie fingerfertig in Unschuld.

Meine Nachbarin wurde immer trauriger. *„Ich hab ihn gefracht, was die ganze Heimlichtuerei soll, aber der hat nur gelacht."* Ich fragte mich, wer hier wohl mogelt, wer Beschmuh macht, warum er sie behumst? Und am nächsten Tag war es raus. Ihr Mann brachte einen Blumenstrauß, und unten vor der Tür stand ihr Geburtstagsgeschenk: Eine Kutschfahrt durch die Stadt.

Der schöne Baum
des Nubbers

Sprachlich gehört Nubber in die Lausitz. Doch jeder in Sachsen hat einen in seiner Nähe, nicht immer ist er uns jedoch wirklich nahe.

Es klingelte. Ich öffnete die Tür. Dort stand eine Gestalt, einge-hüllt in einen Wollberg von Mantel, vor dem Mund einen Schal, über der Stirn eine Mütze. Die Gestalt begann zu sprechen: *„Ich will dein Boom lobn, musst mich aber erscht ma neinlassen."* Lobe sind immer willkommen, dachte ich, aber wer mag wohl in dem Wollberg stecken? Die Gestalt sagte: *„Na, ich bins, dei Nubber."* Ich kannte keinen Nubber, schon gar nicht meinen. Da nahm Nubber auch schon die Mütze ab, enthüllte sein Gesicht. Es hatte zwei Wangen, rot wie Feuerlöscher, die Nase färbte sich blau, und aus dem Mund strömte ein Geruch von sieben Fässern Schnaps. Nubber schwankte in die Stube, fiel dort vor dem Weihnachtsbaum auf die Knie und rief: *„Das is dorr schönste Boom, dänsch je gesehn hab, bomfordschenees. Dieses Grien dorr Nadeln grient so grien, ooch wenns in Spanien schneit."*

Er stand wieder auf, drehte sich zu mir und sprach: *„Nubber, mach keene Menkenke, rück raus dä Gedränke."* Kaum hatte er das letzte Wort ausgelallt, setzte er sich auf mein Sofa, kippte zur Seite und schloss die Augen. Ich schaute in das rotblaue Gesicht der Gestalt und erkannte in dem schnarchenden Spirituosenwollberg eine gewisse Ähnlichkeit mit meinem Nachbarn.

Da klingelte es erneut. Ich öffnete die Tür. Dort stand meine Nachbarin, ihr Mund zitterte, auf ihrer Stirn stand Schweiß. Sie begann zu sprechen: *„Hamse mei Mann gesehn?"* Ich zeigte auf das Sofa. Sie identifizierte die Schnapsleiche sofort als ihren Gatten. *„Ja, das isser"*, sagte sie und begann, mich über ihn aufzuklären. Ein Freund aus Bayern, den sie noch suchen müsse, sei am zweiten Weihnachtsfeiertag zu Besuch gekommen und habe einen Brauch mitgebracht, das Baumloben. Das geht so: Nachbarn besuchen Nachbarn, loben deren Weihnachtsbäume und bekommen dafür einen Dankesschnaps. Den Importbrauch fand ihr Gatte deshalb großartig, stiefelte mit dem Bayern los und verabschiedete sich mit den Worten: *„Machs gut, meine Gudste, mir gehn jäddze nubbern."*

Das sächsische Verb nubbern beschreibt vor allem in der Lausitz den Besuch des Nachbarn, um mit ihm ein Schwätzchen zu halten. Das kommt alle Tage vor, die Bayern brauchen dafür offensichtlich einen größeren Anlass. Der Nubber ist demzufolge der Nachbar, nur eben mundartlich abgeschliffen. Das Wort entstand in Sachsen ursprünglich im 14. Jahrhundert aus der Wendung des in der Nähe wohnenden Bauern. Im Niederlän-

dischen hören wir das deutlicher, da heißt der Nachbar nabuur und im Englischen neighbour. Heute sorgt der für das Überleben von Palmen und Haustieren aller Art sowie die Paketannahme.

Im Moment war es die Nachbarin, dä Nubberschfrooe, die meine Nähe suchte, denn ihre Gefühle befanden sich angesichts des schnarchenden Promillegatten in einer merkwürdigen Gemengelage. Sie war durcheinander, wobei wir bei dem von meinem Nachbarn benutzten Wort Menkenke angelangt wären. Im Sächsischen hat es neben Durcheinander zudem die Bedeutung des Aufhebens, das man möglichst nicht machen soll, und des unnötigen, weitschweifigen Geredes, das kaum einer erträgt.

Plötzlich klingelte es wieder. Der Nachbar wachte auf, die Nachbarin rannte zur Tür, öffnete. Da stand ein Mann, der Saum seines Lodenmantels schliff auf dem Fußboden. „Grüß Gott, da seids ja", sagte der Bayer. Ich holte aus der Vorratskammer einen Altbestand von Wermutwein, verschenkte ihn, noch bevor der meinen Baum loben konnte, an den Freund aus dem Nachbarland und schickte die Bagaasche nach Heeme. Dann zog ich den Draht aus der Klingel, ging in die Stube, betrachtete den Baum. Er sah wirklich bomfordzionös aus.

Wie süß ist das denn?

Im Advent werden fast alle Sachsen diminutiv. Sie sind zwar Deutschlands größtes Weihnachtsvolk, reden sich die Welt aber schön klein.

Ich folge dem Duft von Bratwurst und Glühwein, gebackenen Mandeln und kandierten Früchten. Ich bin bekennender Adventsmarktschlenderer. Schließlich sind die Sachsen Deutschlands größtes Weihnachtsvolk.

Als ich am Sonntag zwischen den Grillständen hindurchwanderte, rief eine Frau: *„Hallöchen, hier krischste ä Würstchen, ä Bierchen und gradis ä Schnäpschen dardazu. Oder willste lieber ä Fettbemmchen mit Gürkchen?"* Meine Ohren bekamen von so viel Süßholzgeschwafel sofort einen Zuckerschock. Aber ich wusste, dass die nahende Ankunft des Heilands Menschen verändert. Bald ist es da: das biblische Bübchen mit den kleen Knöbberzchen, Guggelchen und - gudchi, gudchi, gudchi - hübschn Öhrchen. Ä Kerlchen vom Herrn. Jeder will es forhätscheln. Allerdings führt das sachsenweit zu einem infantilen Sprachgebrauch. Alles wird niedlich. Man beginnt sich beim Kerzenschein Märchen zu erzählen, bäckt Plätzchen und trinkt ä Gäffchen. Während das -chen die Mär und den Gaffee nur schöner macht, gibt es Plätzchen gleich gar nicht anders. Jedenfalls hat noch nie ein Sachse Platz gebacken. Auch Kaninchen existieren nur verkleinert, das Kanin ist längst ausgestorben, genau wie das Frett. Auf den Regalen oder Fensterbrettern stehen jetzt Kompanien von Rachermännln, Räuchermännlein. Und Frauen nennen ihren Hasen plötzlich Hasileinchen. Für mich wäre das das Ende meiner Beziehung, aber sprachlich betrachtet ist es nichts weiter als eine dreifache Verniedlichung. Man sollte es dem Sachsen auch nicht übelnehmen, denn er wird zur Weihnachtszeit diminutiv.

Der Diminutiv allerdings definiert keinen Zustand geistiger Umnachtung, sondern eine grammatikalische Form, die aus dem Lateinischen kommt und meint, dass etwas verkleinert wird. Der Franzose, dem der Sachse schon immer vertraut, sagt, es handle sich beim Diminutiv um dix minutes und bezeichne die ersten zehn Minuten eines Lebens. Was in dieser Zeit auf die Erde kommt, ist göttlich niedlich. Da lacht keiner. Alle lächeln. Daher kommt das Anfügen der Nachsilbe -chen. Und da das Wesen klein ist, bekommen große Wörter ein -lein am Ende und werden so ebenfalls klein. Jedenfalls ist das im Sächsischen so.

Gesamtdeutsch führt zur Verniedlichung übrigens auch ein angefügtes „i". So wird beispielsweise aus dem Dresdner Kulturpalast dorr Kulti, aus super supi, aus Kurt wird Kurdi und aus Schweinsteiger Schweini. Wobei ich bei dieser i-diotischen Verkürzung zur Verniedlichung sofort Beschwerde bei der Europäischen Menschenrechtskommission eingereicht hätte. Der bayerische Fußballer indes empfand Schweini als Kompliment. Doch auch er wird noch erfahren, dass man heute großes Schwein haben, aber morgen schon ein armes Würstchen sein kann.

Im süddeutschen Sprachraum ist der Gebrauch des Diminutivs zudem ein anderer. Denn dort werden statt -chen oder -lein die Endungen -erl, -li oder -le am Wortende angedockt, um sich die Welt schönzureden. Der biblische Bub wird also nicht zum Bübchen, sondern zum Buberl, Burli oder Büberle.

Die Weihnachtszeit versetzt den Sachsen diminutiv nicht nur in die schönste Zeit des Jahres, sondern er kann sich in dem Zustand zugleich Sachen kleinreden. Ein Schnäpschen wirkt deutlich ungefährlicher als ein Schnaps, und ein Gräbbelchen fällt weniger ins Gewicht als ein Krapfen. Eiforbibsch noch äma, du schöne Weihnachtszeit!

Der Geburtstagswitz

**Der schönste Witz entsteht beim Sachsen im Alltag.
Dann lacht er sich auch schon mal tot.**

Meine Nachbarin lud mich zum Geburtstag ein. Ich saß am
fein gedeckten Tisch. Plötzlich klingelte es. Sie öffnete, die
Stube füllte sich mit ihrer Verwandtschaft. Nach dem Verzehr
des Mittagsbratens gingen die Frauen abwaschen. Nur meine
Nachbarin blieb mit den Männern am Tisch sitzen, sie tranken
Bier, Doppelkorn und Wodka aus Flaschen und spielten Skat
dabei.

Ich saß ebenfalls am Tisch, aber sah nur zu, denn ich kann
bis heute keinen Skat. Ich hörte die Rufe der Männer: 18, 20,
passe, ei der Daus, Reh hörte ich oder Nulläwer oder Rodda-
da die Rosenbraut oder Du Hornochse oder Drück dich in den
Skat. Plötzlich rief meine Nachbarin: *„Da habsch dä Pfotn voller
Wänsl und bring das Blatt widder ni heem."* Ich wollte das Spiel
gern begreifen und fragte sie, was ich wissen müsste, um zu
gewinnen. Sie sagte: *„Das is ganz eefach: Dorr Wänsl ist dorr
Undor, also dorr Bube. Dorr Ober is dorr Ober, also dä Dame. Dorr
Geenisch is dorr Geenisch, aber Eichl is Kreiz, Grien is Piek, Rod is
Herz, Schelln is Karo und das Daus is ä As."* Ich verließ das Zim-
mer und ging in die Küche zu den anderen Frauen.

Die standen da und süffelten erst Eierlikör abwechselnd mit
Wermutwein. Sie schwatzten über die steigenden Preise und
bereiteten aus Eierschecke, Sahnetorte und Butterplätzchen
ein Kaffeetrinken, das für die gesamten Streitkräfte der Nato
gereicht hätte. Meine Nachbarin war inzwischen nachgekom-

men und sagte: „*Furchdbar, was morr immer alles anschlebbn muss, damit de Mannsbilder satt wärn.*"

Plötzlich kam auch der Mann meiner Nachbarin in die Küche und wollte einen Witz erzählen. Aber noch ehe er anfangen konnte, sagte sie: „*Fange gar ni erschd an, der hat doch sobiso ä Bart so lang wie nä Angelschnur.*" Aber ihr Mann sagte: „*Kommt ä Mann besoffn nach Heeme, lärmt sich in sei Bette und schnarcht ein.*" Er schlug sich auf die Schenkel. Die Frauen lachten. Nur meine Nachbarin nicht. Der Witz war ja auch noch nicht zu Ende. Also erzählte ihr Mann weiter.

„*Am nächsten Morchn kommt die Frau von dem Mann, lächelt ihn freundlich an, bringt frische Brötchen und änne Tasse Kaffee und sacht: Gudn morchn, mei Lieber.*" Der Mann meiner Nachbarin tat jetzt so, als wäre der Witz zu Ende, und ging zur Tür. Aber eine der Frauen meinte, dass doch da noch was kommen müsste, und holte ihn wieder zurück. Er schaute erst zu meiner Nachbarin, dann sah er mir in die Augen und sagte: „*Nehm Se sich ma enne scheene Frau, die wärn Se wenigstens schnell widder los.*" Dann nahm er sich einen der Butterkekse, steckte ihn in den Mund und erzählte den Witz weiter: „*Der Mann fracht seine Frau. Sache ma, ich bin gestern besoffn heemgekomm, hab rumgelärmt und mich ins Bette geschmissn, un du bist so freundlich zu mir, wieso dänn das? Nu, sacht die Frau, als du da off den Bette lachst und ich dich ausziehn wollte, da hast du gesacht: Finger weg, du Nudde, ich bin forheiratet!*"

Der Mann meiner Nachbarin krümmte sich vor Lachen. Ein Stück des Plätzchens wurde aus seinem Mund geschleudert. Eine der Frauen wollte wissen, was eine „Nudde" sei. Da konnte er nicht mehr aufhören zu lachen und rief: „*Die weeß ni ..., die weeß nischt.*" Er konnte nicht weiter sprechen, sondern lachte. Meine Nachbarin rief: „*Höre du off, höre off.*" Ihr Mann lachte, holte Luft, hustete, lief rot an, holte keine Luft mehr, wurde röter, röter, dann blau, er hustete und fiel um. Eine der Frauen sagte: „*Ich gloobe, der hat sich totgelacht.*" Meine Nachbarin sagte: „*Jäddze hat der wenigtens offgehört. Manchma, da macht der sich mit sei Witzen so kleen, dabei is der gar ni so groß.*"

So wie immer, bitte bitte

Der Sachse merkt schnell, wie die Zeit vergeht. Aber manchmal ist es gut, wenn alles einfach so bleibt wie immer.

Als ich kürzlich vom Friseur wiederkam, hielt mich meine Nachbarin vor der Haustür an und sagte: *„Merken Se das?"* Ich wusste nicht, was ich merken sollte. *„Beim Frisör, da merkt morr das."* „Was?" „Na, wie dä Zeit alles forändert." Ganz früher, da habe ihr die Mutter die Haare geschnitten. Das dauerte fünf Minuten. Später, so erzählte mir meine Nachbarin, sei sie in die PGH Neue Linie gegangen. Dort dauerte es eine Stunde.
„In dorr PGH wurde ich immer von Frau Krätzschmar mit dem grün Kittl bedient", sagte sie. Ich konnte mir das gut vorstellen, denn als Kind saß ich auch oft auf einem dieser roten Ledersessel und wurde nach oben gepumpt. *„Und wissen Se, was dann drankam?"*, fragte mich meine Nachbarin. Ich wusste es nicht. *„Dann kam die Frache aller Frachn."* Ich fragte mich, was das wohl für eine Frage war. Meine Nachbarin: *„Na, die Frache hieß: Wie immer? Und es war wie immer: Waschn, schneidn, lechn, trocknen."*
Ich erinnerte mich. Denn der entscheidende Unterschied zu heute besteht darin, dass der Kunde sich beim Kopfwaschen nicht nach hinten, sondern nach vorn beugen musste. *„Genau, genau"*, rief meine Nachbarin. Frau Krätzschmar band ihr damals eines dieser grauen Handtücher mit den eingeflochtenen roten Punkten um den Kopf, drückte sie nach dem Haarewaschen nach oben, nicht wie heute, wo der Kunde in einem Sofa nach hinten gedrückt wird und eine Kopfmassage bekommt, ob er will oder nicht.

Beim Trocknen saß meine Nachbarin danach unter einer Haube mit langen Eisenstangen. Wie die Arme einer kranken Krake bogen sich die durchlöcherten Metallstreben über die Lockenwickler. Unter der Haube war es entweder grundsätzlich zu heiß oder grundsätzlich zu kalt und grundsätzlich so laut wie an der Ostsee, wenn der rote Sturmball ganz oben hängt. Zum Schluss gab es in die Locken ein Tonikum, das so roch wie heute die Luftverbesserer auf den Bahnhofstoiletten.

Aber die Zeiten ändern sich. *„In dorr PGH ham die noch mit ä Hader reenegemacht"*, sagte meine Nachbarin. *„Heute säuborn die mit äm Twist-System-Set mit Leichtigkeet und Megaduftfungdschjon. Und die jung Mädls bring ooch ihre Kinder ni mehr eefach of dä Welt, sondern planschn in ä Gebärpool, und das Baby zöschert abzutauchn, weil die computergesteuerte Fruchtblasnwasseranaliese beim Datenabgleech Differenzn zum idealtypischen EU-Standard offweest."* Ihr Friseur heißt auch nicht mehr Neue Linie, sondern New Line, und als sie das erste Mal in den neuen Laden ging, kam eine Britney auf sie zugestürmt und fragte: „Was kann ich für Sie tun?" Das klang, als würde sie fragen: Kann ich für Sie noch was tun? Dann führte ein George, der nur auf den Namen Sandy reagierte, meine Nachbarin zu einem elektronischen Stilberater. Das war ein Computer, der dem eigenen Kopffoto auf dem Bildschirm verschiedene Haare aufsetzt. Rote, grüne, lange, kurze. Die Frisur meiner Nachbarin war nicht dabei. Aber sie ließ sich gern beraten. Das dauerte zwei Stunden.

Sandy empfahl ihr, die Highendkur mit Sensitive-Schubpower zu nehmen oder noch besser die Star-Creme auf ätherischer Asiabasis mit Klum-Effekt. Zum Schluss sagte meine Nachbarin: „Wie immer, bitte!" Da gab Sandy Britney ein Zeichen. Die nahm das Telefon, wählte und sagte: *„Oma, kannsde ma rundorkomm, eene von dein aldn Kundinnen is da."* Seitdem kommt Frau Krätzschmar, hat meine Nachbarin einen Friseur-Termin, von oben aus ihrer Wohnung, zieht die grüne Kittelschürze an, geht mit ihr in ein Hinterzimmer, wäscht, schneidet, legt und trocknet die Haare. So wie immer.

Trennkost für Pumpelhucke

Sachsen machen gern Geschenke. Und das nehmen sie zurzeit ganz wörtlich. Ein Dankeschön.

Als ich am Sonnabendmorgen aufwachte, klingelte es an meiner Tür. *„Ich bring Ihn baar Semmln als dleenes Geschenk von mir. Morr soll ja andern Freide bring, um sich frein zu gönn"*, sagte meine Nachbarin. *„Wie heeßd das so schön: Morr soll mit warm Händn schenkn."*

Ich schaute sie an, denn sie schien sich verändert zu haben. Und das innerlich wie äußerlich. Ich wunderte mich, dass die Frau plötzlich so nett und so dünn war. Sie erkannte sofort, was mein Blick dachte. *„Ich hab mich gesundgeschrumpft"*, sagte sie. Wie sie das denn gemacht habe, wollte ich wissen. *„Mit Trennkost"*, sagte sie. Ihr Mann sei in seiner Firma leitender Angestellter geworden, habe sich in seine Sekretärin verliebt, sei ausgezogen und all das musste sie erst mal kiloweise verdauen. Sie sagte: *„Ich hab jahrelang dem seine Fordauung befördert, aber seine Beförderung, die kann ich schlecht fordaun."*

Ich fragte sie, ob sie darüber reden wolle, aber die Frau lachte nur und sagte: *„Morr muss sich in mei Aldor von sei Aldn abnabln könn und darf ni rumdnadschn oder zadschn."* Ich bescheinigte ihr spontan, dass positives Denken das einzig Richtige sei. Wobei sie offensichtlich nicht völlig auf das Zadsch oder Zatschen verzichtete. Denn einerseits bedeutet es grundlos jammern, andererseits heißt es appetitlos sein oder widerwillig essen. Der Auszug ihres Mannes hatte bei ihr zwar nicht zur Dauerklage geführt, aber sich heftig auf ihren Magen gelegt.

Jetzt sah sie mich an und sagte: *„Sie sehn aber ooch bissl miede aus."* Das stimmte, denn ich war vergangene Nacht in Nossen gewesen. Eine wirklich erlesene Stadt. *„Nossen, erlesn? Wie komm Se denn da droff?",* fragte meine Nachbarin. Das konnte ich erklären. Findige Nossener organisieren immer im April eine Lesenacht. In der Apotheke, beim Bäcker, beim Friseur, im Rathaus, in der Bibliothek, in der Buchhandlung, im Gasthof lesen dann die Ladenbesitzer oder Autoren, und die Gäste hören zu. Eine wirklich charmante Idee. Die Bürger klappen nachts nicht ihre Steige hoch, sondern schlendern von Leseort zu Leseort und schenken sich gegenseitig schöne Geschichten.

Ich erzählte meiner Nachbarin, wie ich zu später Stunde dort eintraf, um ebenfalls etwas vorzulesen, und sofort beschenkt wurde. Eine freundliche Dame kam auf mich zu und reichte mir ein Wort: Pumpelhucke. Ich musste eine kleine Weile darüber nachdenken, wie das Wortgeschenk wohl gemeint war, denn eine Pumpelhucke ist eine oder einer, der sehr langsam ist, der sich verspätet. Das Verb pumpeln bedeutet in der Übersetzung vom Sächsischen ins Deutsche: sich träge verhalten, trödeln, langsam arbeiten.

Meine Nachbarin sagte: *„Das kenn ich von mei ausgezognen Mann. Dem habsch immer zugerufn: Wie lange pumpelst du denn noch rum, mach dass dä färdsch wärst."* Ich dachte, es gibt genug Gründe, warum Männer ganz plötzlich keine Sekunde mehr rumpumpeln. Der Pumpel steht damit im Zusammenhang. Denn es ist eine männliche Person, die immer nur die niederen Arbeiten verrichten muss, ein Mädchen für alles, ein Handlanger seiner Frau. Die wird im Laufe der Zeit deshalb pumpelig, also träge und dicklich. Innerlich wie äußerlich. Da kommt der Mann dann nicht mehr ran und zieht schnellstmöglich aus.

Ich jedenfalls legte das schöne Wort Pumpelhucke aus Nossen mit auf den großen Vokabelstapel auf meinem Schreibtisch. Dort liegen schon Tausende von sächsischen Wörtern, die mir geschenkt wurden für die Kür der sächsischen Wörter des Jahres am Tag der Deutschen Einheit.

Desdorwääschn und daderum

Sachsen begründen gern ihre Taten, denn sie wissen, was sie tun. Doch auf die große Frage nach dem Warum heißt es oft ganz einfach: Darum!

Ich hasse Wartezimmer. Dort muss man stundenlang sitzen und kommt meistens kränker raus, als man reingegangen ist. Doch diesmal wollte ich mich nur schnell zur Vorsorge anmelden. Männer in meinem Alter würden das jetzt jährlich erledigen, las ich in einem Ratgeber für Männer in meinem Alter. Ich öffnete die Tür zur Arztpraxis, und da saß sie. Meine Nachbarin. Sie winkte und rief: *„Komm Se her, hier is noch ä Blätzl frei."*
Ich setzte mich neben sie, nahm mir von dem Tisch ein Bündel Zeitschriften des Leserkreises, um mich abzulenken, aber meine Nachbarin fragte mich: *„Warum sin morr denn hier?"* Ich sagte: „Ich weiß, warum ich hier bin. Aber warum sind Sie denn hier?" Sie verzog keine Miene und sagte: *„Das geht Se ä feuchdn Kehrischt an. Aber es wärd wo ni so schlimm sein wie bei Ihn."* Ich erklärte ihr, dass ich mich nur zur Vorsorge anmelden wolle. *„Forsorche, Forsorche, so ä Schnulli. Mir ham doch frieher ooch ni so ä Ruß um unsereens gemachd. Aber heide braucht jeder das ganze Drumrum. Sie denkn wo ooh, dä Ärzde sin dä größtn Gonifärn und Se schaffn es, um den Tod drumherumzukomm. Irrtum, mei Gudsdor, Irrtum, Se ham bloß Bamml form Alder, desdorwääschn un daderum sin Se hier."* Ich legte das Zeitschriftenbündel zurück auf den Wartezimmertisch und sagte: „Deswegen nicht!" Sie: *„Derwääschn, doch, doch."* Ich sagte: „Unsinn. Erklären Sie mir lieber mal, warum

Sie hier sind!" Sie: *„Darum!"* Ich: „Warum?" Sie: *„Darum!"* Typisch, dachte ich und versuchte, die grammatikalische Kausalkette von deswegen und darum zu ergründen. Beim darum oder sächsisch auch daderum handelt es sich erstens um eine trotzige Reaktion, die bewusst darauf zielt, dem anderen nichts erklären zu müssen: Das geht Sie gar nichts an. Zweitens dient das darum dazu, mit Nachdruck auf etwas hinzuweisen, drittens erklärt es, worum es eigentlich geht, nämlich um diese Angelegenheit. Viertens kann jemand jemanden darum bitten, ihn zum Beispiel zum Arzt zu bringen. Die fünfte Bedeutung meint, dass einer darum herumkommen will, sächsisch drumherumkomm. Und sechstens kann es eine örtliche Bedeutung besitzen, wenn sich beispielsweise eine Klinik mit einem Zaun darum in der Nähe befindet. Nicht zu vergessen die letzte Darum-Funktion, mit der erklärt wird, was warum geschieht, nämlich deshalb, daher oder deswegen, also desdorwääschn. Das kann auch derwegen oder derwääschn heißen und hat dann je nach Betonung folgende Bedeutungen: aus diesem Grund, trotzdem oder eigentlich.

Meine Nachbarin stand plötzlich auf und sagte: *„Ich bin dlei dran."* Ich fragte: „Warum sind Sie hier?" Sie sagte: *„Ham Se Aldersheimer oder was, das ham Se mich doch grad schon ma gefracht."* In diesem Augenblick kam die Krankenschwester mit einer Spritze direkt auf meine Nachbarin zu, die schrie: *„Aber ni in dä Impfe!"* Ich begriff nicht gleich, aber dann sah ich, wie sie mit der rechten Hand die Beuge ihres linken Armes zuhielt, damit sie dort nicht geimpft werden konnte. Sie war es, die hier Angst, also Bammel hatte. Die Schwester ging allerdings an meiner Nachbarin vorbei und sagte ihr nur, dass sie jetzt ins Behandlungszimmer kommen dürfe, um ihren Bauch vermessen zu lassen.

Ich schaute zu meiner Nachbarin und fragte: „Sie wollen Ihr Fleisch beschneiden lassen?" Sie: *„Nee, nee, Sie gloobn doch jäddze ni, dass ich an mir rumbitzeln lasse. Das is doch hier keene Änderungsfleescherei."* Ich sah sie an, sagte: „Jeder hat den Körper, den er verdient." Sie: *„Genau. Daderum bin ich hier."*

Soda, Moni oder Puff, Karl

Der Sachse heißt Fleischer, Winkler, Schubert, Zönnchen. Oft kommt der Nach- vor dem Vornamen. Doch manchmal heißt er genau so, wie er ist.

Wir gingen in den Vorgarten. *„Pflanzn Se sich hin"*, sagte meine Nachbarin. Wir setzten uns auf die Bank, auf dem Tisch stand ein Teller mit Eierschecke, daneben eine Kanne voll Kaffee. Plötzlich sagte meine Nachbarin: *„Sehn Se da, das is dä Soda, Moni."* Ich sah gegenüber in dem Haus eine Frau am offenen Fenster, die Arme verschränkt auf einem Kissen. Ich sagte: „Soda ist aber ein ungewöhnlicher Name." Schließlich heißen in Sachsen die Menschen eher Fleischer, Winkler, Schubert oder Uhlig. In ganz Deutschland gibt es rund eine Million verschiedene Nachnamen, Soda hatte ich jedoch noch nie gehört. Meine Nachbarin: *„Dä Moni is von hier, mit der bin ich doch frieher in dä Schule gegang. Die sitzt schon immer eefach so da."* Ich verstand nicht. *„Na, das is wie mit dorr Schüddl, Herda."* Ich verstand nicht. *„Wenn Se an der ihrm Haus vorbeigehn, da schüddeld die immer grad irschend ä Duch aus, weil die immer Stoob wischd."* Jetzt verstand ich. Meine Nachbarin gab ihren Nachbarn Tätigkeitsnamen, weil sie vergessen hatte, wie sie heißen. Ich machte die Probe, als ein Mann am Zaun vorbeilief. *„Das is dorr Puff, Karl"*, sagte meine Nachbarin. *„Ni was Sie nu widder denken, der heest wärklich so."* Tatsächlich gibt es den Nachnamen Puff in Sachsen, aber höchst selten. Der Begriff ist ursprünglich nicht anzüglich, sondern bezeichnet lautmalerisch ein sanftes Geräusch. So als würde ein Würfel beim Spiel über

ein Brett rollen. Puff war einst ein Würfelspiel. Da Puffbesuche im 18. Jahrhundert oft als harmlose Freizeitbeschäftigung verklausuliert wurden, sagte man: „Der Herr hat mal wieder mit einer Dame Puff gespielt." Das Spiel verschwand, das Wort und der Ort blieben.

In der Sächsischen Schweiz übrigens kommt das Boofen, also das Übernachten in Höhlen, vom Puffen, dem besagten sanften Geräusch mit der Nebenbedeutung des Beischlafens. Wer boofd, der nächtigt ganz natürlich. In der Westlausitz bedeutet Puff oder Piff außerdem, dass einer etwas alle Augenblicke lang tut. Dann sagt der Sachse: „Der kimmt oo aller Piffe lang angeschissn."

Ich nahm einen Schluck Kaffee, da sagte meine Nachbarin: „Sachn Se jetze nischd, da kommt dä Zönnchn." Diesmal verzichtete sie auf den Vornamen, was mir auffiel, weil sie ihn sonst immer nach dem Nachnamen nannte. Die Methode ist in kleinen Gemeinden üblich, weil da oft mehrere Kinder einer Familie wohnen, die zu unterscheiden sind, oder weil die Kinder von Familien mit demselben Nachnamen eine Unterscheidung brauchen. Frau Zönnchen allerdings schien einmalig zu sein. Meine Nachbarin sagte: „Ich bin ja tolerand, aber die Zönnchn, die soll ihrn Mann übel mitspieln. Morr hörd bis hierher, wie die driebn in dorr Viere manchma streitn, wie da dä Fetzn flieschn oder dä Dlene manchma heult. Da misch ich mich aber ni ein, nee, da bin ich tolerand. Obwohl, tolerand, das is ja gar kee säggsschor Begriff, das kommt bei uns ja gar ni vor ..."

Während sie sprach, ergründete ich den Namen Zönnchen. Der kommt rund 140-mal in Sachsen vor, insbesondere rund um Dippoldiswalde. Er stammt vom slawischen Namen Zon, dem Schwan, ab. Das waren Menschen, die mit Schwänen gesehen wurden. Wahrscheinlicher ist jedoch, dass es mit dem Weiß der Federn oder besser der Haare zu tun hat. Plötzlich kam die Dame an uns vorbei, meine Nachbarin stand auf und rief: „Gudn Dach, Frau Zönnchn, alles gesund bei Ihn? Schöne Grüße an Ihrn Mann." Ich ging und ließ Kaffee, Eierschecke und Nachbarin einfach stehen.

Leben im Turbowabohu

Der Sachse hat sich gut auf die neue Zeit eingestellt. Doch er will schon gerne wissen, wie es weitergeht. Deshalb will er das Wirrwarr verstehen.

Ich lief am Mittag zum Imbiss, denn ich hatte Hunger. Da kam mir vor der Stadtbibliothek meine Nachbarin entgegen. In einem Beutel trug sie mehrere Bücher mit sich. Ich sah sie verblüfft an, und sie sagte: *„Sie reißn Ihre Oochn ja off wie achtscher Kesslniedn. Ich kann lesn! Ich gehe jäddze sogar off dä Universidäd."*

Ich nickte anerkennend und fragte: „Was hören Sie denn da?"

Sie sagte: *„So einiges, mei Guder, so einiges!"* Dann drehte sie ihren Kopf erst nach rechts, dann nach links, so als wollte sie sichergehen, dass keiner unser Gespräch belauschte, und sagte: *„Ich hör mir in dorr Seniornagademie was übern Gapitalismus an. Off dorr Sparkasse erführd morr doch nischd mehr. Gapito!"*

Ich bewunderte ihren Wissensdrang und fragte, ob sie schon was verstanden hätte. *„Dorr Professor sachd, mir könn gerne so weitermachn, wie mir bisher machn, aber nur, wenn mir ständig wachsn. Denn wer ni wächst, der geht kaputt. Das is doch Murgs oder?"* Ich sagte, das sei Marx. Da rief sie plötzlich: *„Seit über fienfnzwansch Jahrn wachsn weder mei Sparbuch noch ich, aber ich lebe nach wie vor. Das mitm Gapitalismus is Häggmägg."*

Ich verstand Big Mac, aber das musste wohl an meinem Hunger liegen. Deshalb wollte ich weitergehen, um endlich zu dem Imbiss zu kommen. Aber meine Nachbarin hielt mich am Ärmel fest und sagte: *„Dä Wachsdumsdheorie is ä Turbowabo-*

hu." Ich staunte, was heute an Universitäten für Fachbegriffe gelehrt werden. Aber dann fragte ich, ob sie vielleicht Tohuwabohu meinte. Sie nickte und sagte: *„Genau: Tofuwabohu."* Ich meinte, dass dies wohl eher die vegetarische Variante eines Durcheinanders sei. Und sie sagte: *„Machn Se das Wirrwarr ni noch wirrwahrer, als es schon is, sonst wärds ä eenzsches Kuddlmuddl."*

Ich begann also, ihre Worte zu ordnen. Häggmägg hieß Heckmeck und bedeutet im Sächsischen Durcheinander, Unordnung, Unfug, aber auch dummes Gerede. Der genaue Ursprung des Wortes ist nicht bekannt, möglicherweise kommt es von Meckern oder auch dem Hack und Mack, also dem Gehackten, dem Durcheinandergemengten. Den Heckmeck gibt es übrigens vorzugsweise in der Einzahl, mehrfach kann er Heckmecks heißen, aber das kommt selten vor. Die Vokabel zog von Sachsen aus durch ganz Deutschland. Im Westfälischen beispielsweise ist es der Ausdruck für Gedöns oder Getue. Es existiert sogar ein heiteres Brettspiel mit dem Namen „Heckmeck am Bratwursteck".

Ein beliebtes Synonym des Durcheinanders ist das Tohuwabohu . Das Wort wurde übernommen aus dem hebräischen Urtext der Bibel: tohu wa vohu, Wüste und Öde. Als Luther die lateinische Bibel ins Meißner Kanzleihochdeutsch übersetzte, da schrieb er: „Die Erde war wüst und leer." In der Oberlausitz heißt das Tohuwabohu kurz Wirrwarr und spricht sich dort herrlich rollend. Wer es steigern will, landet beim Kuddlmuddl. Ein Wort, das sich im 19. Jahrhundert von Berlin aus verbreitete und auf Mudder, Modder, also den Schlamm, den Schmutz zurückgeht. In Sachsen spricht sich der Kuddlmuddl am besten, aber jeder weiß hier, dass das gesteigerte Durcheinander nur aus der Hauptstadt kommen kann.

Meine Nachbarin ließ endlich meinen Arm los und sagte: *„Dorr Gapitalismus siechd."* Das hatte ich doch schon mal gehört. Und dann sagte sie: *„Faulend und abstärbend soll der sein. Aber is das ni ä schöner Dod!"* Ich wollte noch nicht sterben, ging schnell zum Imbiss und aß Hackepeter.

Sächsisch, aber in Behandlung

Wenn Sachsen beim Arzt sind, dann erleben sie eine besondere Behandlung. Der Körper folgt hier schließlich einer speziellen Sprach-Anatomie.

Sie sah gägsch aus, hiefrich und malad. Über ihre Stirn liefen Schweißperlen und sie atmete schwer. Deshalb vermied ich es, ihr die Hand zu geben. *„Na, ich bin wo ansteggnd oder was?"*, fragte meine Nachbarin. Ja, sie ist ansteckend.

„Dabei war ich grade beim Arzt", sagte sie. *„Aber ich hab bei dem ans Schild geguggd, der is ni ma Oberchefarzt und gar kee Doktor."* Ich wollte ihr entgegnen, dass ich es schlimmer gefunden hätte, wenn er Doktor, aber kein Arzt, sondern beispielsweise promovierter Bergbauingenieur gewesen wäre, aber sie war zum Scherzen nicht aufgelegt. Sie habe, sagte sie, schon beim Eintreten in die Praxis geahnt, dass dieser Mediziner sie falsch behandeln werde. *„Zuerst had der seine Hand off mei Nischl gelechd und mich gefrachd, ob ichs am Kobb hädde"*, sagte meine Nachbarin. *„Ich hab nischd im Dähz, hab ich zu dem gesachd."* Ich widersprach ihr nicht.

Meine Nachbarin erzählte, was sich der Arzt dann erlaubt hätte. *„Der had mir in meine Oochn, meine Gugglgn, geguggd und dann forlangd, ich soll meine Gusche, mei Fressbredd, offmachn. Was had der denn gegloobd, was der innewändsch in mir findet?"* Ich wäre mir da auch nicht sicher gewesen. Jedenfalls hätte sie den Mund nicht geöffnet. *„Das gehd den doch gar nischd an, wie mei 28scher aussieht, was ich für Bruchordzschn im Maul hab"*, sagte sie. Ihre Zähne ließen offensichtlich eine

Lückenbebauung zu, sonst hätte sie sich gegen die Besichtigung nicht so gewehrt.

Sie saß also mit geschlossenen Lippen vor dem Arzt, dem sie nicht vertraute, und sagte kein Wort mehr. *„Da is der Weeßkiddl mir an Krachn gegang, der had mich mirnischds dirnischds am Schlawiddchn gepackt, had den Hals abgesuchd nach Mandeln."* Noch beim Erzählen wand sie sich gegen die scheinbar ungehörige Annäherung des Mediziners. Als der sie gebeten hätte, sich freizumachen, da wäre sie empört aufgestanden und gegangen.

„Der wollde mir an dä Wäsche. So ä Nieslbriem", sagte meine Nachbarin. Das sächsische Wort Nieselpriem gefiel mir, wobei ich es in diesem Zusammenhang nicht ganz passend fand. Denn ein Nieselpriem ist ein einfältiger, unbeholfener, auch verschlossener oder mürrischer Mensch. Das traf nicht auf den behandelnden Arzt, sondern auf meine Nachbarin zu, die dringend eine Behandlung nötig hatte.

Sie sagte: *„Ich bin schnurschdrags zum nächstn Arzt. Der had mich privat empfang und mir Globolie forschriem. Gegen Bares. Da weeß man doch sofort, dass da eener sei Geschäfd forsteht."* Ich widersprach ihr nicht. Auf ihrer Stirn vermehrte sich jedoch der Schweiß, sie schniefte, ihre Augen schauten plötzlich zum Himmel, und dann fiel sie um. Meine Nachbarin lag mir zu Füßen. Ich rannte zum Telefon, rief den Rettungsdienst an, aber da meldete sich nur eine Stimme: *„Zurzeit sind alle Plätze besetzt, bitte warten, bitte warten ..."*

Ich rannte zurück zu der Frau am Boden, legte sie in die stabile Seitenlage. Dann lief ich wieder zum Telefon, rief den Rettungsdienst, endlich ging einer ran. Der wollte die Krankenkasse und die Nummer meiner Nachbarin wissen, aber das wusste ich natürlich nicht. Ich rief nur: „Bitte kommen Sie schnell." Da wollte der Mann am anderen Ende mit mir über meine Adresse verhandeln, weil er die noch nie gehört hatte und nicht in seinem Navi fand. Da legte ich auf, schüttete kaltes Wasser über das Gesicht meiner Nachbarin. Die wachte auf und sagte: *„Endlich ma ä rischdschor Doktor."*

Reif für Hollywood

Der sächsische Clown darf raus aus der Schmuddelecke. Deutschland will plötzlich teilhaben am königlichen Luxus des fernen Ostens.

„Ham Se das gemerkt? Ob Se was gemerkt ham, will ich wissn?" Das war schon wieder meine Nachbarin. *„Na, merkn Se was?"* Irgendwas merkte ich schon, aber ich konnte natürlich nicht ahnen, was sie meinte. *„Na, dä Deutschn entdecken Saggsn."* Woran sie das merke, wollte ich wissen. *„Er darf raus aus der Schmuddlecke der Nation. Dorr mickrige Bundes-Klaun wird plötzlich hofiert."*

Es stimmt, das hatte ich auch schon gespürt. Ganz wohl war mir aber nicht dabei. Denn der Sachse war schon immer skeptisch, egal, was mit ihm geschah. Besonders wenn ihn einer lobt, da wächst sein Misstrauen. Das geschieht aber jetzt alle Tage. Fünfundzwanzig Jahre nach der Revolution der Sachsen. *„Ni zu gloobn"*, sagte meine Nachbarin.

Ich hatte mich schon gewundert, als Dieter Wedel, der Schattenmann des Filmboulevards, das fünfte Land im Beitrittsgebiet mit Hymnen über dessen Schönheit, Liebenswürdigkeit, Freundlichkeit und Reichtum überschüttete. „Was ist da los?", frage ich mich. Bisher galt doch der Sachse, vor allem zwischen München, Stuttgart und Hamburg, als salonunfähig. Jeder kannte diesen Pappenheimer, der das wirtschaftlich stärkste deutsche Land der Vorkriegszeit in den volkseigenen Konkurs gewirtschaftet hatte. Waren die Sachsen nicht die Mauerschützen, die Sowjetjünger und Politbürovollstrecker? War ihr Dialekt nicht die Sprache der Beton-Bonzen? *„Nadierlich"*, sagte meine Nachbarin. *„Mir ham doch den Leipzscher Ulbricht nach Preißn geschickt. Der überdinchde dann unsre liebenswärdsche Singsangmundart mit rotem Fungdschjonärsgegwadsche."* Stimmt. Das hing dem Dialekt ewig an. Wer sächselte, war verdächtig, kommunistisch unterwandert zu sein. Ulbricht war der erste sächsische Diktator, der über Preußen herrschte. So was vergisst der Hauptstädter nicht.

Doch das Stigma löst sich auf. Dass die Sachsen die friedliche Revolution auslösten, hat dazu beigetragen. Aber nicht gereicht. Die Sächselnden hatten gewonnen, die Sieger aber waren sie nicht. Sie wollten ihr Recht und bekamen einen Rechtsstaat. Sie wollten ihre Freiheit, doch in den ersten Reihen war schnell für sie kein Platz mehr frei. Sie blieben verdächtig. Viel zu lange. Sie ließen sich nicht stören und mährdn vor sich hin. Strebsam, wie sie schon immer waren. So bastelten sie unbemerkt da unten im fernen Osten Deutschlands ihr Musterland zusammen. Sie erfanden sich neu. Immer an der Tradition entlang. *„Und keener hats gemerkt"*, sagte meine Nachbarin.

Da keiner so genau hinschaute, richteten sich die Sachsen einen neuen Luxus ein. Sie bauen Luxusuhren, Luxusautos, brauen Luxusbier, keltern Luxuswein und kultivieren ihre luxuriösen Schätze. Exklusive Kultur in exklusiver Landschaft. Schlösser, Burgen, Theater, Ausstellungen und Villen strahlen zwischen nagelneuen Autobahnen.

Die Sachsen sind wieder königlich. Nuguggemada. Das will keiner verpassen. Dieter Wedel, der letzte Zampano des deutschen Fernsehens, führte im Dresdner Zwinger August den Starken vor. „Die sächsische Geschichte hat alles, was ich brauche", sagt der Filmmann. Liebe, Intrige, Geld und Tod. *„Da wolln andre jäddze ooch was davon ham. Sachsen ist reif für Hollywood. Mir ham jäddze sogar Görllywood für die Filmheinis. Ham Se das gemerkt?"*, fragte meine Nachbarin. Ich hatte es gemerkt und mich gefreut, dass der Zwinger auch ohne Filmdiven zum Weltkulturerbe gehört. Denn dorr Sachse denkt zu dem ganze Gewedel: Macht nur, wenn ich da nicht mitmachen muss.

Der ultimative Sachsentest

Sächsisch ist ein großes Rätsel. Aber nur für diejenigen, die keine Ahnung davon haben. Testen Sie, wie sachsenfit Ihre Familie, Freunde oder Nachbarinnen und Nachbarn sind. Erst Frage lesen, dann stehen A), B) oder C) zur Auswahl, eine Antwort ist richtig. Und dann gibt´s auch noch eine Erklärung.

Das Frage-Antwort-Spiel funktioniert natürlich ebenfalls als Selbsttest. Einfach die richtigen Antworten am unteren Ende der Seite zuhalten und nach Beantwortung nachsehen. Sie können aber damit vor allem Auswärtsche oder Neusachsen prüfen. Ein idealer Einwanderungstest. Zehn falsche Antworten sind erlaubt - wir Sachsen sind doch nicht nachtragend, aber wir vergessen auch nichts. Los geht´s:

Die Fragen und Antworten:

1. Wenn ein Sachse etwas ganz in Ruhe macht, ohne Ziel und Ergebnis. Was tut er?
a) faddeln
b) muddeln
c) sohneln

Schon gewusst?

Muddeln gibt es nur in Sachsen, es ist vorgetäuschte Emsigkeit und die Fähigkeit, schlechte Zeiten mit erfindungsreicher Anpassungsgabe zu überstehen - und das ohne einen spürbaren Verbrauch an Energie. Man macht ganz aktiv nichts.

2. Wenn ein Sachse etwas durcheinanderbringt. Dann hat er etwas ...
a) ... forfielt
b) ... forwenigt
c) ... formährt

Schon gewusst?
Formährn kommt von mährn. Und wer mährt, der trödelt, der wird und wird nicht fertig. Mähren tun natürlich immer nur die anderen.

3. Wird dem Sachsen schwindlig oder unwohl, dann fühlt er sich ganz ...
a) ... blühmerand
b) ... dürre
c) ... welksch

Schon gewusst?
Blühmerand kommt aus dem Französischen, von bleu mourant, und heißt angst und bange. Und da fühlt man sich unwohl und schwindlig.

4. Was sagt der Sachse in der Lausitz zu einem Tablett?
a) Brettltrage
b) Hietrabradl
c) Geschärreträscher

Schon gewusst?
Das Hietrabradl ist das Hintragebrett, das Tablett, und wird insbesondere in der Oberlausitz und im Westerzgebirge gesprochen.

5. Kommt der Sachse in Schwierigkeiten, dann bekommt er ...
a) Huddelein
b) Muddelein
c) Fummelein

Schon gewusst?
Huddelein sind im Sächsischen ein Haufen Probleme, wenn es jedoch huddelt, dann gedeiht etwas prächtig. Das Huddl ist ein Schnuller.

6. Ist ein Sachse durcheinander oder verwirrt, dann ist er ...
a) muhschugge
b) mähschugge
c) wauschugge

Schon gewusst?
Mähschugge oder meschugge heißt verrückt und kommt ursprünglich vom jiddischen Wort meschuggo, wird deutschlandweit benutzt.

7. Ein wenig sättigendes Essen nennt man in Sachsen ...
a) Schwellenhupfer
b) Magenspringer
c) Darmrutscher

Schon gewusst?
Beim Schwellenhupfer handelt es sich um ein Essen, das nur kurze Zeit sättigt. Wenn man über die Türschwelle gehüpft ist, hat man schon wieder Hunger.

8. Wie nennt der Sachse einen Nichtsachsen?
a) Preiße
b) Aussätzscher
c) Auswärtscher

Schon gewusst?
Auswärtscher ist die sächsische Form von Auswärtiger, jemand der auswärts lebt, außerhalb der Heimat, ein Nichtsachse. Immer willkommen, aber eben auswärtsch.

9. Was brauchen die Sachsen zum Bügeln?
a) Gläddeesn
b) Bläddeesn
c) Schweeßeesn

Schon gewusst?
Vor der Erfindung des elektrischen Bügeleisens war das Bläddeesn ein schweres erhitztes Stahlgerät, um Wäsche platt zu drücken.

10. Was tut ein Sachse, wenn er nicht still sitzen kann?
a) rumopern
b) rumtheatern
c) rumkomödchen

Schon gewusst?
Waren Sie schon mal in der Oper? Ja! Dann wissen Sie, warum man dort nicht still sitzen kann und man permanent rumopert, bis der Schlussapplaus kommt.

11. Wie heißt ein Eierkuchen (Crépes) auf Sächsisch?
a) Gräbbelchen
b) Glößchen
c) Blinse

Schon gewusst?
Plinsen sind dünne Kuchen aus Mehl und Eiern, die gebacken werden, und zwar in der Pfanne, die früher Plinseisen hieß. Deshalb Plinsen.

12. Wenn der Sachse blass aussieht und sich unwohl fühlt, dann fühlt er sich ...
a) gäägsch
b) blässch
c) graulsch

Schon gewusst?
Wenn einer gäägsch oder gäkig aussieht, dann guckt er kränklich aus der Wäsche und muss gäken, kotzen, sich übergeben. Gute Besserung!

13. Wenn der Sachse schwer Luft bekommt, dann leidet er an der ...
a) Gurschl
b) Plautze
c) Röhre

Schon gewusst?
Das Wort Plautze übernahmen die Sachsen von den Slawen, bei denen es pluca hieß, die Lunge. Und oft hat man's off dorr Plautze.

14. Der Sachse nennt vor allem in Leipzig seine Gliedmaßen, insbesondere die Finger oder Zehen ...
a) Gnäbberzschn
b) Knäckerzächn
c) Babberzchn

Schon gewusst?
Die Gnäbberzschn oder Knöberts'schen sind die Hände, Füße Finger, Zehen oder Beine, gemeint sind die Knöchelchen, die Knochen.

15. Wie heißt auf Sächsisch Fußbank?
a) Hocker
b) Ritsche
c) Hitsche

Schon gewusst?
Hutschen oder hitschen sagte man früher für rumrutschen, schieben. Genau das tut man mit einer Hitsche. Eine Käsehitsche ist ein kleiner Schlitten.

16. Wenn etwas schon sehr kaputt ist, dann nennt der Sachse es ...
a) lawade
b) lawede
c) lawunde

Schon gewusst?
Lawede, altersschwach, kommt ursprünglich von dem Wort leiböhnig, leibelösig, der Leib löst sich auf, er ist ohne Leben, also kaputt.

17. Was sagt der Sachse, wenn sich jemand völlig umsonst aufregt?
a) offburschdln
b) offjungschen
c) offkerlschen

Schon gewusst?
Die Vorsilbe auf- verwandelt sich im sächsischen Sprachgebrauch zu off-. Genau wie die Vorsilben vor- zu for- und zer- zu zor- werden.

18. Wie nennt der Sachse einen Schornsteinfeger?
a) Feierdeibl
b) Feierrübl
c) Feierengel

Schon gewusst?
Der Schornsteinfeger ist vor allem im Erzgebirge, in der Oberlausitz und in der Meißner Gegend der Feuerrüpel, Essenkehrer heißt er auch.

19. Wenn der Sachse einen Unfall hatte, dann hat es ihn ...
a) ausgegast
b) ausgequalmt
c) ausgeruhst

Schon gewusst?
Rußen heißt unvollständig verbrennen, übrig bleibt Ruß. Und wenn sich einer ausrußt, dann verbrennt er sich, erleidet einen Schaden.

20. Wie nennen die Sachsen ihre Kleidung?
a) Überzieher
b) Anziehsachen
c) Obendrüber

Schon gewusst?
Der Sachse mag es doppelt gemoppelt, so wird der Floh zum Huppefloh, der Bogen zum Umbogen, Fenster zu Nausguck-fenster und Sachen zu Anziehsachen.

21. Wie heißt beim Sachsen eine Abwaschschüssel?
a) Asch
b) Schiessl
c) Drooch

Schon gewusst?
Der Asch ist ein größeres Gefäß, eine Schüssel für den Haushalt. Ursprünglich war er aus Holz, aus Esche, die Äsche, daher der Asch.

22. Was sagt der Sachse zu wertlosem Zeug?
a) Goschelmog
b) Mogelgosch
c) Gogelmosch

Schon gewusst?
Der Gogelmosch wird vor allem im Leipziger Raum gesprochen. Wenn aber einer gogelt, dann brennt er etwas ab. Und die von Google haben abgeguckt.

23. Was verlangt der Sachse beim Fleischer, wenn er eine Scheibe Wurst haben möchte?

a) ä Haufen Angemeckertes
b) ä Rädl Wurscht
c) ä Stück Gehacktes

Schon gewusst?

Ä Rädl kommt vom Reitel, einem kurzen Holzstock, einem Knebel, den man in einer Verschnürung steckt, um sie zu straffen. Er ist nicht dicker als eine Salami.

24. Rauchen heißt beim Sachsen?

a) baffn
b) ruhsn
c) durchziehn

Schon gewusst?

Das Wort Baffen oder paffen kommt lautmalerisch vom Paff, dem leicht knallenden Geräusch, das man beim Pfeiferauchen mit den Lippen macht.

25. Was tut der Sachse, wenn er beleidigt ist?

a) er zieht eine Fluppe
b) er zieht einen Flappe
c) er zieht einen Flunsch

Schon gewusst?

Der Flunsch ist ein trotzig, weinerlich verzogener Mund. Das Wort kommt von flennen, althochdeutsch flannen. Das Gesicht dazu ist der Flunsch.

26. Einen Marienkäfer nennen die Sachsen insbesondere im Raum Leipzig?

a) Punktlieschen
b) Modschegiebschn
c) Grabblaugust

Schon gewusst?
Das Modsche-, Mohtsche- oder Mutschegiebchn heißt eigentlich Kühchen. Ein Mötschlein ist ein Kälbchen oder ein Weidenkätzchen.

27. Wie bezeichnet der Sachse etwas, das er absolut großartig findet?
a) bomforzionös
b) gigantisch
c) megageil

Schon gewusst?
Bon- oder bomforzionös kommt von bonne force, gute Kraft. Insgesamt übernahmen die Sachsen über 300 Wörter von den Franzosen.

28. Wenn der Sachse etwas unbedingt will, dann will er es ...
a) parich
b) parsie
c) pardu

Schon gewusst?
Pardu oder partou kommt vom französischen partout, heißt überall, wird im Sächsischen benutzt als durchaus, unbedingt.

29. Was tut der Sachse, wenn er was herausbekommen will?
a) etwas ausdächten
b) etwas ausbaldowern
c) etwas ausquatschen

Schon gewusst?
Ausbaldowern übernahmen die Sachsen im 19. Jahrhundert aus dem Rotwelsch, der Sprache der Gauner: Bal, der Herr, dowor, die Erkundigung.

30. Wie bezeichnet der Sachse ein Akkordeon?
a) Gwäddschgommode
b) Ziehanrichte
c) Drückschrank

Schon gewusst?
Argentinier nutzen heute als Musikbegleitung für den Tango das Bandoneon, eine kleine Quetschkommode. Die erfand 1830 Carl Friedrich Zimmermann im Erzgebirge.

31. Wenn ein Sachse an einer Durchfallerkrankung leidet, dann hat er ...
a) een Schwubbs iewer fünf Teiche weg
b) een Schwall iewer sechs Wege hin
c) dä Schwuze iewer sieben Beete weg

Schon gewusst?
Als Schwuze wurde früher vor allem im Erzgebirge und im Meißner Raum Durchfall bezeichnet. Heute sagen die Sachsen flotter Otto.

32. Was spricht der Sachse, wenn ihm etwas völlig egal ist?
a) das is mir griene
b) das is mir biebe
c) das ist mir ziebel

Schon gewusst?
Piepen oder pfeifen hört man Vögel. Wenn einem etwas biebe ist, dann pfeift er drauf, ist es ihm egal oder wie der Sachse auch sagt egah.

33. Wie nennt der Sachse einen unzuverlässigen, liederlichen Menschen?
a) Haderlump
b) Togenischt
c) Liederling

Schon gewusst?
Der Hader ist nur in Sachsen ein Scheuerlappen. Hader stammt vom Althochdeutschen hadara, dem Lappen ab, und vom Altsächsisch Hadilin, dem Lumpen.

34. Wie bezeichnet der Sachse ein dummes, unsympathisches Mädchen?
a) Rohbiene
b) Bratziege
c) Garliene

Schon gewusst?
Der Sachse mag die Frauen. Er bezeichnet sie deshalb z.B. als Schiggse, Flittschn, Büchse, Ische, Tusse, Tusnelda, Zimtzieche oder Spinatwachtl.

35. Was passierte dem Sachsen, wenn er etwas verloren hat?
a) Er hat etwas formährt
b) Er hat etwas forsielt
c) Er hat etwas forwenigt

Schon gewusst?
Für forsieln kann man auch sagen forsaubeidln, formährn, forschlumbern und übersetzen mit verlieren, verschlampen, verschludern, verbummeln.

36. Wie heißt ein sächsischer blöder Spinner, wenn es so etwas überhaupt gibt?
a) Weechgobb
b) Gnaggergobb
c) Gnusborrgobb

Schon gewusst?
Der Mann in Sachsen ist auch ein Bleedmann, Dussldier, Flähz, Grähbl, Hirni, Rozzdoffl, Dumpfbacke, Laggaffe, Binsl oder Galbbser.

37. Am liebsten isst der Sachse Kartoffeln als Beilage, aber wie nennt er sie, insbesondere in der Lausitz?
a) Äbern
b) Erdknolle
c) Drecksabbl

Schon gewusst?
Äbern heißen auch Arbern, Abern, Aburn, Äburn oder Erbern und bezeichnen Erdbirnen beziehungsweise Erdäpfel.

38. Wie freut sich der Sachse?
a) im Zickzack
b) rundherum
c) äggsch

Schon gewusst?
Äggsch ist kein Wort sächsischen Ursprungs, sondern nur die abgeschliffene mundartliche Form von eckig.

39. Sachsen sind bekannt für ihren Fleiß. Wie bezeichnen sie schweres, dauerhaftes Arbeiten?
a) arbeeten
b) aggorn
c) schuften

Schon gewusst?
Die schwerste Arbeit bestand früher darin, den Acker zu bestellen, zu pflügen. Wer also schwer schuftete, der ackerte.

40. Wie bezeichnet der Sachse im Vogtland einen Schrank zum Aufbewahren von Lebensmitteln?
a) Safe
b) Scheune
c) Olmed

Schon gewusst?
Ein Olmed, Ulmed oder Almet ist ein Brotschrank. Das Wort ist aus dem Romanischen, von almaria, lateinisch armarium, entlehnt.

41. Wie bezeichnet der Sachse einen größenwahnsinnigen Mitmenschen?
a) ieworgandiedeld
b) ieworfritierd
c) ieworsortierd

Schon gewusst?
Ieworgandiedeld oder überkandidelt heißt überspannt, verrückt oder überdreht. Es bezieht sich auf das lateinische candidus, heiter.

42. Was sagt der Sachse zu einer komischen Person?
a) Tiegelgulasch
b) Nappsülze
c) Dobbpudding

Schon gewusst?
Im Sächsischen gibt es über 1 000 Schimpfwörtern. Ein einfacher Deutscher kommt im täglichen Leben mit weniger als 1 000 Wörtern aus.

43. Wenn jemand in Sachsen Schwierigkeiten macht, dann macht er ...
a) Kuddlmuddl
b) Karussl
c) Sperenzchen

Schon gewusst?
Das Wort Sperenzchen hat einen ganz einfachen Ursprung. Wenn sich einer gegen etwas sperrt, dann macht er Sperenzien.

44. Wie heißt der Weihnachtsmann im sächsischen Erzgebirge?
a) Rubborscht
b) Rutenmännl
c) Langbärtscher

Schon gewusst?
In Sachsen kommt nicht das Christkind, sondern der Weihnachtsmann, der ist der Gute, mit dem Rubborscht, Ruprecht, dagegen wird gedroht.

45. Wie nennt der Sachse eine lautstarke Frau?
a) Histerie
b) Blärre
c) Dornado

Schon gewusst?
Eine Blärre tut, was man hört, sie plärrt. Das Wort beschreibt lautmalerisch, was hier geschieht. Blärrärsch ist sie, wenn sie durchdreht.

46. Wie lautet das Wort für einen ungeschickten Sachsen?
a) Bleedl
b) Blums
c) Blaadsch

Schon gewusst?
Ein Blaatsch oder Platsch ist ein Tollpatsch, aber ein liebenswürdiger. Aber ä Blaadsch, der had leider zu nischt Geschicke.

47. Was macht der Sachse, wenn er mal richtig aufräumt?
a) ein Rangdewou
b) ein Stelldichein
c) ein Tetatee

Schon gewusst?

Ein Rendezvous ist bekanntlich eine Verabredung mit amourösen Absichten. Aber der Sachse kehrt vorher nochmal richtig durch.

48. Wenn der Sachse etwas ganz vorsichtig angeht, dann macht er das ...
a) ganz langsam
b) ganz sachte
c) ganz sahnig

Schon gewusst?

Als sachte bezeichnet der Sachse, wenn er langsam, vorsichtig oder allmählich meint. Eigentlich handelt es sich um die mundartliche Bezeichnung für sanft.

49. Wie nennt ein Sachse einen essbaren Pilz mit rotbrauner Kappe?
a) Rotkäbbchn
b) Kappenbilz
c) Braunheedl

Schon gewusst?

Das Heedl ist das Haupt, das älteste Wort für Kopf. Der Heedl ist aber zugleich der Kopf, Schirm oder Hut eines Pilzes.

50. Wie heißt in Sachsen der Napfkuchen oder Rührkuchen?
a) Bäbe
b) Einerlei
c) Sandtaler

Schon gewusst?

Die Bäbe oder Babe ist ein gebackener runder, hoher Kuchen aus Backpulver und Hefeteig mit einem Loch in der Mitte und schrägen Furchen außen.

51. Wenn der Sachse einen Riss in der Kleidung hat, wie heißt es dann auf Sächsisch?
a) Offreißer
b) Schlaatz
c) Reißer

Schon gewusst?
Ein Schlaatz oder Schloaz, wie man in der Lausitz sagt, ist einerseits in Riss in Stoffen und andererseits ein Mann in zerrissenen Sachen.

52. Ein Sachse, der für alles Schlechte verantwortlich gemacht wird, der heißt ...
a) Arschgeige
b) Buhmann
c) Bobanz

Schon gewusst?
Ein Bobanz oder Popanz ist eine fiktive Gestalt, der Teufel, mit der man vor allem Kindern droht, im übertragenen Sinne eine schwarze Gewitterwolke.

53. Wie nennt der Sachse ein Gericht aus rohen, geriebenen Kartoffeln, das in einer Pfanne gebraten wird?
a) Klitscher
b) Platscher
c) Flutscher

Schon gewusst?
Die Kartoffelpuffer heißen Klitscher, weil sie klitschrisch sind, nämlich klitschig, feucht, schlüpfrig, rutschig und unausgebacken.

54. Wie nennt der Sachse dünnen Kaffee?
a) Geiztunke
b) Bliehmchengaffe
c) Schlafsuppe

Schon gewusst?
Der Bliehmchengaffe heißt Blümchenkaffee, weil er so dünn ist, dass man auf dem Boden der Tasse, die gemalten Blümchen sehen kann.

55. Wie sagt der Sachse, wenn er „sehr" meint?
a) tieschdsch
b) mäschdsch
c) sehr

Schon gewusst?
Tieschdsch ist die mundartliche Bezeichnung für tüchtig, was sowohl geschickt, fleißig und fähig als auch ordentlich und kräftig meint.

56. Wenn jemand in Sachsen (was ja nicht vorkommt) schwarz Gelegenheitsarbeiten verrichtet, dann heißt diese Tätigkeit ...
a) schwarzmuddeln
b) fiskusditschen
c) scharwerkn

Schon gewusst?
Das Scharwerk kommt vom althochdeutschen scara für Schar, Haufen. Es bezeichnete mehrere Leuten, eine Schar, die für einen Herrn Frondienste leisteten.

57. Wie heißt ein amtliches Schreiben?
a) Basbrich
b) Geschreibsl
c) Laberei

Schon gewusst?
Der Basbrich oder Paßprich steht für unnötiges Gerede, ein bürokratisches Schriftstück. Das Wort ist ausgestorben, die Schreiben leider nicht.

58. Wie sagt der Sachse, wenn er sich beeilt?

a) dachsern
b) drosseln
c) dieschern

Schon gewusst?
Sie Sachsen sind die einzigen Menschen, die Raubkatzen in die Tasche stecken können, nämlich die Daschndiescher. (Diescher steht für Tiger und Tücher.)

59. Was sagt der Sachse zu Soße?

a) Batsche
b) Didsche
c) Zutsche

Schon gewusst?
Eines der Lieblingswörter der Sachsen ist ditschen und heißt 1. eintauchen, 2. Steine aufs Wasser werfen, dass sie hüpfen und 3. jemanden einen Dämpfer versetzen.

60. Was sind für den Sachsen Nichtigkeiten?

a) Gingorrliddzchen
b) Gleenzeich
c) Nullundnischt

Schon gewusst?
Gingorrliddzchen oder Kinkerlitzchen sind ursprünglich kleine Schmuckstücke an der Kleidung. Litze kommt vom lateinischen licium, dem gewebten Band.

61. Wie ist ein Sachse, wenn er übertrieben sparsam ist?

a) faltsch
b) hurflisch
c) gniggrisch

Schon gewusst?
Gniggrisch oder knickerch heißt knauserig, also geizig. Eine Knickerchl oder Knickatschche ist eine klein gewachsene wilde Pflaume.

62. Wie heißen beim Sachsen besonders große ausgelatsche Schuhe?
a) Boddn
b) Deiche
c) Dünen

Schon gewusst?
Mit den Schuhen läuft man auf dem Boden, der in Sachsen auch Bodn heißt. Und wenn die Schuhe ausgelatscht sind, hat man dann Bodn unter den Füßen und Boddn an.

63. Wenn der Sachse besonderen Stress hat, dann hat er ...
a) Druhsch
b) Drahsch
c) Dreehsch

Schon gewusst?
Drahsch oder Draasch kommt von Trubel, hektischer Betriebsamkeit, bedeutet zugleich Streit, Zank, aber auch tratschen, erzählen und betteln.

64. Wie heißt das sächsische Verb für erklären?
a) forgliggern
b) forglaggern
c) forgluggern

Schon gewusst?
Forgliggern bezieht sich auf (ver)kleckern und meint, dass jemanden etwas nach und nach, also tröpfchenweise, mitgeteilt wird.

134

65. Wie heißt in Sachsen das Verb für veralbern?

a) forohnespaßen
b) forhonebiebeln
c) formitspotten

Schon gewusst?
Forhonebiebeln kommt von verhöhnen, jemanden mit Hohn bedenken, höhnisch lästern. Der Volksmund bezog sich auf den Hahn.

66. Was bekommt ein Sachse, wenn er kritisiert wird?

a) Ärger
b) weniger Lohn
c) Angemeckertes

Schon gewusst?
Angemeckertes ist die speziell sächsische Form von Gemecker, er bekommt einen Haufen Angemeckertes und das bezieht sich auf die Laute, die eine Ziege von sich gibt.

67. Wie sagt der Sachse, wenn er sich heimlich davonmacht?

a) forgriemeln
b) forstoben
c) forkleggern

Schon gewusst?
Hier folgt die Sprache der Logik. Etwas Ganzes kann in Krümel zerfallen, es hat sich verkrümelt, ist also verschwunden.

68. Wie nennt der Sachse eine Frau, die ihn nervt?

a) schigge Dusse
b) Schiggse
c) Schickanskie

Schon gewusst?

Eine Schiggse ist eine Frau, die einen Mann permanent schikaniert, also nervt, ihn bösartig plagt. Schikanieren kommt vom französischen chicaner.

69. Was kann nur der Sachse mit einem Hader?

a) einen Fußboden wischen
b) sich mit seiner Frau heftig streiten
c) Holz hacken

Schon gewusst?

Im gesamten deutschen Sprachraum ist der Hader Ärger. Nur in Sachsen wird das Wort zugleich für Hader benutzt. Deshalb kann nur der Sachse damit wischen.

70. Was meint der Sachse mit einem Gosdehäbbchen?

a) die Wohnungsmiete
b) die Alimente
c) eine Kostprobe

Schon gewusst?

Der Sachse kostet ein Häppchen, aber wenn er eine Bemme in kleine Teile schneidet, dann sind das keine kleinen Happen, sondern Fiederchen.

71. Wenn der Sache gnülle ist, dann ist er ...

a) erschöpft
b) geizig
c) verschwiegen

Schon gewusst?

Gnülle kommt von knülle, erschöpft betrunken, bezieht sich auf zerknüllen, wobei es vor allem um das Ergebnis geht, nämlich dass man zerknittert aussieht.

72. Was heißt desdorrweeschen auf Hochdeutsch?

a) dreckische Wäsche waschen
b) deswegen
c) schlechtes Wetter haben

Schon gewusst?

Deswegen leitet eine Begründung ein, aus diesem Grund, deshalb, aber meint zudem dennoch und trotzdem. Mundartlich wird desdorrweeschen daraus.

73. Was bedeutet ins Deutsche übersetzt: ä gibbdisch?

a) ägyptisch
b) einer kippt sich
c) ein Kipptisch

Schon gewusst?

Doppelte Bedeutungen liebt der Sachse. Deshalb können nur in Sachsen Römer auch aus Grieschn saufen. (Grieschn sind sowohl Griechen als auch Krüge.)

74. Was macht der Sachse, wenn er forrichtet?

a) seine Wohnung renovieren
b) jemanden vorverurteilen
c) einen Tisch decken

Schon gewusst?

Forrichten oder vorrichten bedeutet, seine Wohnung richten, im Sinne von in Ordnung bringen, für wen auch immer.

75. Was tut der Sachse, wenn er etwas forschärbeld?

a) schmeißt er mit Geschirr
b) verkauft etwas viel zu billig
c) feiert er Polterhochzeit

Schon gewusst?
Wenn das Geschirr nichts mehr wert ist, dann kann man es in Scherben hauen oder man verkauft es billig, also verscherbelt es.

76. Was geschieht dem Sachsen, wenn er sich forhäddert?
a) strickt er einen Pullover
b) härtet er seine Muskeln beim Training
c) verspricht er sich vor Aufregung

Schon gewusst?
Forhäddern oder verheddern hat zwei Bedeutungen: 1. sich versehen, beim Sprechen ins Stottern kommen. 2. etwas durcheinanderbringen.

77. Was passiert, wenn dem Sachsen etwas forquähre geht?
a) es läuft nichts wie geplant
b) er steht ein Hindernis im Weg
c) es quälen ihn Blähungen

Schon gewusst?
Quer entstammt der mittelhochdeutschen Form twer, Im 14. Jahrhundert wandelte sich der Anlaut tw- zu qu. So ist es heute quer, wenn etwas verkehrt ist.

78. Wenn ein Sachse niebormachte, dann ...
a) überquerte er eine Straße
b) haute er in der Westen ab
c) ging er zu seinem Nachbarn

Schon gewusst?
Man kann viel machen: ab-, auf-, ein-, oder zu-. Aber nur zwischen 1961 und 1989 konnte man rübermachen. Und wenn es soweit war, musste man hinmachen, sich beeilen.

79. Was heißt Orgasmus auf Sächsisch?
a) nu is gudd
b) jubeidajubeido
c) färdsch

Schon gewusst?
Färdsch ist die mundartliche Ableitung von fertig und doppeldeutig, denn zum einen ist Schluss, man ist mental am Ende und manch einer bringt es gar nicht färdsch.

80. Was tut der Sachse bei putzscher Lust?
a) er spürt Lust zum großen Hausputz
b) er wird ganz lustig
c) er schläft mit seinem Partner

Schon gewusst?
Putzsch, putzig meint zum einen possierlich, drollig, lustig und zum anderen wunderlich, merkwürdig und sonderbar. Und all das kann Sex sein.

81. Wo befindet sich der Sachse, wenn er in der Brädullsche ist?
a) in Verlegenheit
b) in einer Bäckerei
c) im Moorbad

Schon gewusst?
Die Brädullsche lernten die Sachsen von den Franzosen kennen, als Napoleon vor Leipzig in die Bredouille, in Verlegenheit, kam und verlor.

82. Wenn sich der Sachse eine Blatte macht, dann ...
a) arbeitet er als Tischler
b) denkt er nach
c) richtet er ein kaltes Buffet an

Schon gewusst?

Die Blatte oder Platte ist die Stirn oder der Kopf und darin sitzt, hoffentlich, das Gehirn, das üblicherweise zum Nachdenken benutzt wird.

83. Was versteht der Sachse unter Hoddwohleh?

a) eine heiße Party
b) eine Schlittenfahrt mit Pferden
c) die feine Gesellschaft

Schon gewusst?

Die Hoddwohleh, die Hautevolee kommt aus dem Französischen und meint jene, die hoch fliegen. Allerdings sagen das die Franzosen selber gar nicht.

84. Was meint der Sachse mit reeneweg?

a) halb und halb
b) null und nichtig
c) ganz und gar

Schon gewusst?

Rein allein reicht manchmal nicht, es muss alles weg sein, also völlig rein, durch und durch, ganz und gar. Und das ist reeneweg.

85. Was versteht der Sachse unter Rännsemmln?

a) seine Laufschuhe
b) frische Brötchen mit Honig
c) sein Fahrrad

Schon gewusst?

Für Schuhe hat der Sachse noch andere schöne Begriffe: Gwadrahtlatschn, Gwanndn, Gondln, Driddchn oder Babuschen.

86. Was meint der Sachse mit rethur?
a) die Uhr zurückdrehen
b) zurück
c) pünktlich sein

Schon gewusst?
Das französische Fremdwort retour wird heute kaum noch benutzt, aber wenn ein Sachse rethur sagt, dann meint er, dass er zurückgeht oder etwas zurückschickt.

87. Was ist in Sachsen ein Bobsr?
a) Bobfahrer
b) Vollbremsung
c) Kinderpopo

Schon gewusst?
Der Bobsr ist eine mundartliche Variante zu Popo, der eine kindersprachliche Abwandlung von Po ist, dem Podex, das Hinterteil.

88. Was ist ins Deutsche übersetzt ein Ränfdl?
a) Brotkanten
b) Schulranzen
c) Stofffetzen

Schon gewusst?
Das Ränfdl oder Rämpftl, auch Rampl oder Rändl bezieht sich auf den Rand, also den Rand des Brotes, die Brotrinde und kommt nie bis nach Hause.

89. Wie sieht es aus, wenn der Sachse es rebbedierlich nennt?
a) total tierisch
b) schön ordentlich
c) ganz niedlich

Schon gewusst?
Rebbedierlich meint reputierlich und bezieht sich auf das lateinische putus, reinigen. Und ist man sauber, hat man eine gute Reputation.

90. Was ist ein Griewadsch?
a) ein grüner Waschlappen
b) ein herzlicher Gruß
c) **ein kleiner frecher Junge**

Schon gewusst?
Griewadsch kommt von Knirps und Krüppel und stammt vom slawischen kriwy ab, was krumm bedeutet. Krumm steht auch für frech.

Auch in der
edition Sächsische Zeitung
erschienen

Das vollständige Spiel zum ultimativen Sachsentest!
Zum Selberknobeln und Verschenken!

Frage- und Antwortkarten vermitteln den sächsischen Wortschatz. Es gilt
Begriffe von Deutsch ins Sächsische und vom Sächsischen ins Deutsche
zu übersetzen. Gemeinsame Spielrunden sorgen für Spaß, Spannung und
Unterhaltung.

www.editionSZ.de

Der Autor

Peter Ufer

Der Journalist und Autor wurde 1964 in Dresden geboren, wuchs hier auf, lernte Schriftsetzer, studierte Journalistik und Geschichte in Leipzig, wo er 1995 promovierte. Während der Wendezeit gründete er gemeinsam mit Freunden in Thüringen eine eigene Zeitung, ging später nach Dresden zurück, wo er 17 Jahre als leitender Redakteur bei der Sächsischen Zeitung arbeitete. Nebenbei schrieb er Bücher wie „Die Rückkehr des Dresdner Schlosses", „Mythos Meissen, das erste Porzellan Europas", „Dresden für Liebhaber" und „Faszination Sächsische Schweiz". Gemeinsam mit Tom Pauls gründete er 2008 die „Ilse-Bähnert-Stiftung" zur Erhaltung und zur Förderung der sächsischen Kultur und Sprache.

Einmal im Jahr küren beide gemeinsam mit Freunden der sächsischen Sprache wie Uwe Steimle, Olaf Schubert oder Bernd-Lutz Lange das sächsische Wort des Jahres. Daraus entstand gemeinsam mit den Sachsen eine Wortsammlung „Rettet uns den Gogelmosch", die inzwischen in drei Bänden von Ufer herausgegeben wurde. Seit 2011 arbeitet Ufer als freischaffender Journalist und Autor für die Sächsische Zeitung sowie deutsche Zeitungen und Magazine, moderiert Veranstaltungen, schreibt Bücher sowie Programme für Tom Pauls. Seit 2011 führt er gemeinsam mit Pauls das Theater in Pirna.

Mehr zu Peter Ufer: www.peterufer.de